피노키오를 만나다

경남
산문
선
77

강현순 제5수필집

피노키오를 만나다

도서출판
경남

작가의 말

올해로 문단에 데뷔한 지 30년이 되면서 다섯 번째 수필집을 엮는다. 첫 수필집이 아닌데도 여전히 쑥스러운 건 매한가지다. 또 마음의 옷을 벗어야 하기 때문이리라.

바라건대 이번 수필집에 실린 글은 풋풋한 봄풀 같았으면 좋겠다. 코로나19로 삶의 모서리에 찔려 아파하는 사람들을 연둣빛 풀밭에서 잠시 쉬게 하고 싶다. 또한 꽁꽁언 땅을 힘겹게 밀쳐내고 올라온 봄풀의 약동하는 모습도 보여주고 싶다.

과분할 정도로 좋은 평설을 써 주신 황소부 교수님께 고개 숙여 감사드린다. 이 책을 예쁘게 만들어 줄 도서출판 경남에도 고마움을 전한다.

2023년 5월 어느 날

강현순

차례

작가의 말 • 5

PART 1
꿈

제비꽃에 반하다 • 12 | 날마다 행복 • 19

불길했던 예감, 적중하다 • 25 | 아름다운 봄밤 • 32

피노키오를 만나다 • 37 | 세상에서 가장 예쁜 호박 • 43

안면도의 여름 • 49

PART 2
물

숨은 꽃 • 58 | 생태계의 보고寶庫, 갯벌 • 64

행운의 편지 • 71 | 메리 생각 • 76

운보의 집 • 82 | 수건돌리기 • 91

태복산 둘레길을 걷다 • 96

PART 3
길

꿈에 • 104 | 장점 찾기 • 109

그 여인은 어디로 갔을까 • 115 | 행복한 기분 • 120

불면의 밤 • 126 | 비와 눈물 • 131

문학의 산실에 가다 • 136

PART 4
달

2002개의 토우 • 146 | 인격과 문격이 돋보이는 글 • 152

자전거를 탄 들국화 • 157 | 안분지족安分知足의 현인賢人 • 163

동네 한 바퀴 • 168 | 찬란한 슬픔 • 174

예쁜 치매 • 182

PART 5
풀

마이산 • 188 | 짬뽕 국물 • 194 | 행복 지수 • 200

황금빛이 주는 여유 • 206 | 우리 뒷집 • 210

경남문협 회원은 경남을 알리는 홍보 대사 • 214

겨울 여행 • 219

작품 해설 | 절제와 내면화로 승화된 창작미학 황소부 • 227

PART 1
꿈

제비꽃에 반하다 • 날마다 행복 • 불길했던 예감, 적중하다 • 아름다운 봄
밤 • 피노키오를 만나다 • 세상에서 가장 예쁜 호박 • 안면도의 여름

PART 1

제비꽃에 반하다

    제비꽃을 좋아하는 세 사람이 펴낸 《제비꽃의 모든 것》 이라는 책을 막냇동생 현덕이가 보내 주었다. 그 예쁜 책 속에 동생의 제비꽃 시詩 한 편이 들어 있어서 더없이 반가웠다. 하던 일 저쯤에 밀쳐두고는 책을 들고 책상 앞에 앉았다. 한 장 한 장 넘길 때마다 내 입에서 탄성이 줄줄 나왔다.

    제비꽃은 산이나 들판뿐 아니라 도시의 골목에서도 쉽게 볼 수 있는 꽃이다. 나는 평소에 제비꽃이라면 작고 예쁜 보라색 꽃. 고작 그 정도만 알고 있던 터였다.

연보라, 진보라 색뿐만이 아니었다. 빛깔이 다양했다. 청초하기 이를 데 없는 하얀색 꽃은 눈부셨다. 연분홍 꽃잎에 진한 보라색 줄무늬가 예쁘게 드리워져 있는 꽃은 보냈던 내 눈길을 놓아주질 않았다.

꽃들은 색깔만큼이나 생김새도 제각기 달랐다. 꽃잎이 둥근가 하면 길쭉한 것도 있었다. 다소곳이 고개를 숙이고 있는 꽃은 영락없는 새색시 모습이었다. 누군가를 기다리는지 목을 길게 빼고 있는 듯한 꽃은 애처로웠다. 제비꽃이라고 다 키가 작은 게 아니었다. 잎의 모양이 여뀌 잎처럼 생긴 데서 이름 붙여진 '여뀌잎제비꽃'은 키가 크고 늘씬하였다.

꽃 이름도 재미있었다. 창원 지역에서 발견했다고 '창원제비꽃', 광명시에서 처음 보았다고 '광명제비꽃'이란다. 또 '서울제비꽃' '충주제비꽃' '양주제비꽃'들을 보니 친근감이 느껴졌다. 예쁜 이름도 많았다. '각시제비꽃' '고깔제비꽃' '구름제비꽃' 등속은 내 입과 귀를 호강시키기 위해

일부러 소리 내어 읽었다.

 처음부터 이름이 제비꽃은 아니었다고 한다. 제비꽃의 꽃불 모양이 오랑캐의 머리 모양 같다고 오랑캐꽃으로 불렸다. 또 키가 작아서 앉은뱅이꽃이라 했단다. 그러다 강남 갔다 돌아오는 날렵한 제비를 닮은 꽃이 봄에 핀다고 제비꽃으로 개명하였다 한다.

 제비꽃 사진들을 다시 찬찬히 보니 어쩐지 어디서 본 듯한 꽃이 있었다. 자리에서 벌떡 일어나 사진첩을 찾아와 펼쳤다. 과연 내 예감이 빗나가지 않았다.

 오래전이었다. 회비만 내면 누구나 참가할 수 있는 산악회 버스를 탄 적 있다. 목적지는 하동 쌍계사 부근이었으며 사월 초순 어느 날이었다. 도착하여 그 모임의 총무가 A팀 B팀으로 나누어 줄을 서라고 한 것 같다. 지금 생각해 보면 A팀은 전문산악인들이었고 B팀은 등산을 좋아하는 사람들이었다. 어정쩡하게 서 있는 사람은 나 혼자뿐이었다. 그래서 B팀의 꼬리 부분에 슬쩍 붙어 섰다.

 정신을 바짝 차리고 B팀의 줄에 선 젊은 여성들을 뒤따르기 시작하였다. A팀은 어느새 눈앞에서 사라졌다. B팀도 울퉁불퉁한 산길을 뛰어가는 수준이었다. 꼴등 주제에 5분도 채 안 되었음에도 나는 땀을 줄줄 흘렸다. 단지 소풍 가는 기분으로 간편복에 버스를 탔을 뿐이었다.

좁다란 냇가가 있는 곳에 이르자 마치 처음부터 그러기라도 했듯 발걸음을 멈추었다. 시계를 보니 어느새 정오가 가까웠다. 집에서 싸 온 김밥과 물을 꺼내어 냇가에 앉았다. 혼자라도 하나 외롭거나 심심하지 않았다. 고개를 들면 새 솜 같은 하얀 구름이 만드는 온갖 형태를 바라볼 수 있었다. 재재소소에 야생화도 지천이었다.

썰어놓은 김밥 한 조각을 입에 넣고는 무심코 건너편을 바라보았을 때다. 숨바꼭질하느라 검불 속에 숨어 있던 꽃이 명지바람한테 들키자 배시시 웃으며 모습을 드러냈다. 냇물을 폴짝 건너서 조심스럽게 디카에 담았다. 작고 예쁜 그 꽃은 하얀 아래꽃잎에 자색의 굵은 줄무늬가 선명하게 그려져 있었다.

이름 모르던 그 꽃을 이 책에서 '엷은잎제비꽃'이라고 알

01 흰뫼제비꽃　　02 엷은잎제비꽃
03 잔털제비꽃　　04 왜졸방제비꽃
05 노랑제비꽃　　06 알록제비꽃

《제비꽃의 모든 것》에서 빌려옴.

려주었다. 저쯤의 갓 태어난 병아리들이 오종종 모여 앉아 있는 듯한 샛노란 꽃도 찍었다. 사진이 약간 흐릿하여 '구름제비꽃'인지 '노랑제비꽃'인지는 잘 모르겠으나 그 둘 중 하나일 것 같다. 또 내가 앉았던 자리 옆에 키 큰 풀꽃이 신기하여 찍어 두었는데 그게 '여뀌잎제비꽃'이었다. 생각지도 못했던 풀꽃들이 제비꽃의 종류였다는 데에 나는 적이 놀랐다.

표준 목록에 등록된 우리나라의 제비꽃은 원종 41종을 포함하여 총 58종이란다. 아직 등록되어 있지 않은 변·품종과 잡종까지 합치면 80여 종이 된다고 한다.

제비꽃 도감에서 저마다의 고운 몸짓과 밝은 혹은 쓸쓸한 표정의 꽃들을 다시 바라본다. 책을 펴낸이들이 백두산, 제주도, 울릉도, 또 해외로까지 제비꽃을 찾으러 갔다는 게 이해가 된다. 우선 나만 해도 제비꽃에 반하여 예전의 그 장소에 또다시 가 보고 싶다. 허나 기억이 가물거려 엄두를 못 내니 안타까울 뿐이다.

그 작고 여린 꽃에서도 나는 배울 점을 찾았다. 꽃샘바람이 미처 물러가기도 전에 용기 있게 꽃을 피우는 것이다. 기특하고 대견스럽기 짝이 없다. 따뜻한 햇빛과 부드러운 바람, 달콤한 빗물을 채 만나지 않고서도 그 작은 몸에 갖출 것 다 갖추고서.

  당당하고 의연하게 서 있는 제비꽃을 보노라니 요즘 매사에 의욕이 없어지는 내 마음을 바짝 추슬러야겠다는 생각이 불끈 드는 것이다.

(2022년)

PART 1

날마다 행복

낯설지 않은 집에 어쩨 사람들이 많이 보였다. 누군가는 마루에 드러누워서 하모니카를 부는가 하면 어떤 이는 부엌에서 음식을 만들고 있었다. 거울 앞에 서서 머리를 빗는 사람도 눈에 들어왔다. 또 몇몇의 꼬마들은 온 집안을 휘젓고 다니면서 장난을 치고 있지 않은가. 이 모든 게 미심쩍고 궁금하여 그들 곁으로 다가가서 얼굴을 자세히 들여다보았다. 순간, 온몸의 솜털이 일제히 기립하는 걸 느꼈다.

70대가 아닌 고등학생 오빠가 하모니카를 불고 있는 것이었다. 부엌에서 음식을 만들고 있는 사람은 오빠보다 네댓 살 많은 시집 안 간 막내 고모였다. 거울 앞에서 머리를 빗고 있는 이는 멋쟁이 언니가 분명하였다. 사랑스런 내 동생들이 온 집이 놀이터인 양 뛰어다니고 있었다. 멀찍이 마당 가의 꽃밭에 꽃모종을 심는 어머니와 곁에서 강아지를 쓰다듬는 아버지도 보였다. 이 모든 것에 놀란 나머지 내 모습을 찬찬히 훑어보니 내가 중학생 교복을 입고 있는 것이 아닌가.

 금세라도 쫘악 벌어질 것 같은 탐스런 열매가 매달린 석류나무가 어쩐지 낯설지 않았다. 둥실한 주홍빛 알전구가 대롱대롱 걸려 있는 감나무가 있는 마당도 생소하지 않았다. 널찍하고 반들반들한 마루를 보자 그제야 내가 그토록 그리워하던 곳임을 눈치챌 수 있었다. 내 유년 시절의 눈물겹도록 따뜻한 풍경 속에 내가 들어와 있는 것이었다.

평소엔 자명종 소리를 들어야만 눈을 뜨는데 오늘은 그 소리를 듣지 않고도 일찍 일어났다. 아마도 간밤의 감미로운 꿈 덕분이었지 싶다.

출근하는 식구가 내 눈에서 멀어진 뒤, 나의 생활계획표를 보니 오늘은 바쁜 일이 없었다. 여름철의 한낮엔 뙤약볕이 내리쬐므로 외출을 삼가야 하지만 나는 머뭇거리지 않고 차에 올랐다.

내겐 좋은 친구가 많다. 친구란 꼭 나이와 성별이 같아야만 하는 게 아니라고 생각한다. 배울 점이 많은 사람, 착하고 성실한 사람을 나는 친구로 삼고 있다. 그러다 보니 앳된 20대부터 연만하신 80대까지 연령대가 다양하다. 또한 식물, 동물 등 모든 생명체도 마찬가지이다.

오늘같이 기분 좋은 날, 어떤 친구를 만나서 정겨운 만남을 가질까 잠시 고민한다. 그러다 물, 돌, 달, 소나무, 대나무를 벗에 비유하여 지은 윤선도의 연시조 〈오우가五友歌〉를 떠올린다. 나는 달, 구름, 풀과 물을 좋아하며 그중 물에게 유독 정을 쏟고 있다.

같은 물이라도 바다보다는 강을 더 좋아한다. 바다엔 철썩이는 파도가 잠시 답답한 속을 후련하게 해주기는 한다. 그렇지마는 담담히 흐르는 강물은 마음을 차분하게 만들어주는 힘이 있음을 알게 되었다.

낙동강은 몇십 년 전부터 내가 친구로 정해버렸다. 첫눈에 그만 반해 버렸던 것이다.

요즘도 기분이 좋거나 외로울 때면 나만의 쉼터가 있는 낙동강으로 달려간다. 강은 그런 나의 마음을 알아채고는 물속의 물고기들을 불쑥불쑥 치솟게 하면서 반겨준다. 그럴 때면 나는 재빨리 카메라를 꺼내곤 한다. 나의 카메라 속으로 펄쩍대는 그 물고기들이 담기기를 바라면서.

옛날에 보았던 '늑대와 춤을'이라는 영화가 생각났기 때문이다. 영화 속에서 누군가가 들판에 있는 동물을 보고 그림을 그렸거나 사진을 찍었던 것 같다. 영화 본 지 아주 오래되어 생생하게 기억나진 않지만. 어쨌든 그러고 난 뒤 그 동물들이 사라졌다고 인디언 부족들이 말하던 게 생각나서 재미로 그래보는 것이다.

"뻐꾹뻐꾹" 하고 제 이름을 부르며 우는 뻐꾹새 소리의 진원지를 찾기 위해 건넛산을 바라본다. 미술 시간에 배웠던 원근법이 그대로 나타남을 처음 보았다. 가까운 산은 크고 색깔이 진하며 그다음으론 조금 작고 연하다. 멀리 있는 산은 더 작으며 희미하다. 기쁘거나 외로울 때 불쑥 찾아와서는 단지 강물에만 줄곧 시선을 보냈을 뿐이어서 몰랐던 터였다. 믿음직한 산, 도도하게 흐르는 강물, 두둥실 흰 구름을 바라보니 마음이 그지없이 안온해진다.

내가 앉아 있는 주변도 찬찬히 둘러본다. 멀찍이서 보면 지극히 단조롭지만 자세히 살펴보면 그 속에도 작은 세상이 있음을 알 수 있다. 이름 모를 풀꽃들은 눈길 주는 이 없을 것 같아 외로울 줄 알았는데 그건 나의 착각이었다. 나비, 잠자리, 하루살이, 벌, 개미와 더불어 살고 있었다. 모두들 도란도란 정답게 얘기를 나누는 것 같았다. 나는 예쁘게 살아가는 그들을 눈으로 마음으로 쓰다듬어 준다.

우리네 인생은 백 년 내외라 근처에 있는 수령이 몇백 년 되어 보이는 나무를 보니 부럽다는 생각이 든다. 근데

잉잉거리며 춤을 추고 있는 하루살이를 보자 고개가 움츠러들었다.

강물은 늘 깨끗하고 담담하게 흐르지만은 않는다. 큰비가 오는 장마철에는 자신의 의지와는 상관없이 흙탕물이 되어 "콸콸콸" 하고 오열하며 몸부림치는 것이다. 그러노라면 억울하고 황당한 일을 당해 울던 어느 날의 내 모습 같아 보듬어주며 같이 울어준다.

어젯밤 꿈과 오늘 낙동강과의 만남 같은 날만 이어진다면 나는 <u>날마다 행복할 것이다.</u>

(2018년)

PART 1

불길했던 예감, 적중하다

사진첩 속에 얌전히 누워 있는 한 장의 사진이 나의 입꼬리를 올린다. 다다미방에서 내가 일본의 전통 의상 기모노를 입고 있는 것이다.

요즘은 '코로나19' 사태로 외국 여행을 하기 어렵지만 2000년도 6월 어느 날, 일본에 갔다. 일본 여행은 그때가 처음인지라 사나흘 전부터 가슴이 설렜다. 그러면서도 왠지 불길한 예감도 들었다. 여행지가 '원폭자료관' '아소산의 화산 분화구' 등이 포함되어 있었기 때문이다.

첫날, 나가사키에 있는 원폭자료관을 둘러보고는 놀라 벌어진 입을 다물지 못하였다.

제2차 세계대전이 끝나갈 무렵 미국은, 일본의 히로시마와 나가사키에 원자폭탄을 투하하였다. 미국에선 이 사건이 최단기에 가장 많은 시민을 죽였다고 평가하고 있다. 일본은 '핵무기를 만들지 않으며, 갖지 않으며, 들여오지 않겠다'는 비핵 3원칙을 수용했다. 연합군에게 무조건 항복을 한 것이다.

원폭자료관에는 당시의 참상을 볼 수 있었다. 새까맣게 탄 도시락 통이며 갈기갈기 찢어진 옷 등을 전시해 두었다. 찌그러진 채 걸려 있는 벽시계는 11시 2분에 숨을 거두었던 모양이다. 이 원자폭탄은 인류사 최초로 일반 시민 학살에 쓰였다는 대목에서 가슴이 아려왔다. 한국인 3만 명을 포함하여 사망자가 대략 24만 명이라고 한다. 원

---

01 일본의 3대 명성明城 중, 구마모토성
02, 03 일본 구마모토현과 오이타현에 걸쳐 있는 아소산의 화산 분화구
04, 05 일본 나가사키 원폭자료관의 '멈춰진 시계: 11시 02분'과 '도시락 통'

폭자료관은 원폭의 무서움과 경각심을 일깨워 주기에 충분했다.

일본 여행 중 처음으로 놀랐던 곳은 일본의 3대 명성名城으로 알려져 있는 '쿠마모토성'에서였다. 쿠마모토성은 조선식 축성술을 도입한 곳이라 우리에게 큰 의미로 다가왔다. 성의 아래쪽은 완만하고 위로 올라갈수록 수직이 되는 독특한 방식으로 구축되어 있었다. 그래서 난공불락難攻不落의 성으로 명성을 떨쳤다 한다. 그 성 앞에서 가이드의 설명을 들을 때였다. 순간, 우리는 화들짝 놀라며 큰 소리를 질렀다.

"앗! 지진이닷."

우리가 밟고 서 있던 땅이 얇은 고무판처럼 휘어졌기 때문이다. 잠시 후 땅은 아무런 일 없었다는 듯 시치미를 떼고 태연했다. 놀란 가슴을 진정할 새도 없이 우리 일행은 아소산으로 향했다. 아소산은 광활한 녹원, 호수, 산림, 온천으로 구성되었으며 세계 최대의 칼데라를 가진 활화산이다.

로프웨이(가공삭도架空索道)를 타고 정상에 올랐다. 함몰된 분화구를 내려다보니 바닥에서 불덩이가 이글거리고 있었다. 빨간 불길이 분수처럼 치솟는가 하면 노란색의 불꽃은 춤을 추는 것 같았다. 두 색깔이 참 예쁘다는 생각이 들었다. 호랑이가 티브이 속에 있다고, "무늬가 선명하고 잘생겼다."고 웃으며 예사롭게 말하고는 한다. 마찬가지로 화산 분화구가 먼 곳에 있다는 단순한 마음의 소산에서 겁도 없이 그렇게 느꼈지 싶다.

일행 중 누군가가 내게 사진을 찍어주겠다고 하였다. 약간 겁이 났지만 입을 앙다문 채 분화구를 뒤로하고 섰다. 막상 찍겠다고 마음먹자 분화구와의 거리를 더 가깝게 하고 싶다는 욕심이 발동하는 것이 아닌가. 한 발을 뒤로 보낼 때였다. 쿠마모토성에서 지진 때문에 놀란 뒤여서인지 다리가 후들거리면서 그만 미끄러지고 말았다. 까딱했으면 분화구에 떨어져 해외 특종이 될 뻔했다. 그런고로 아소산에서 찍은 독사진은 한 장도 없다.

일본 사람들은 지진, 용암 분출 등이 몸서리칠 정도로

지겨울 것이다. 그럼에도 역이용하여 관광 상품으로 개발하였다는 게 대단하다는 생각이 들었다.

　아소산을 뒤로하고 버스를 타기 전, 잠시 휴식시간이 있었을 때다. 나는 길 건너편에 있는 작은 선물 가게로 내달았다. 언젠가 어느 일식집에서 일본 목각 인형을 보고는 갖고 싶었던 게 생각난 것이다. 가게엔 노부부가 웃으며 반겨주었다. 그런데 여자 목각 인형만 보였다. 짧은 영어 실력으로 한 쌍을 사겠다고 하였으나 그들은 눈만 동그랗게 뜨고는 무슨 말인지 모르겠다는 투다. 어리석게도 나는 만국 공통어인 영어면 어디서든 누구든 의사소통이 가능할 줄 알았던 게다.

　소통도 안 되고 시간도 없어 그냥 여자 인형 하나만 사고는 가게를 나왔다. 아! 어쩌나…. 우리 버스가 보이지 않았다. 비슷한 길이 여러 갈래여서 당최 찾을 수가 없었다. 이러다 국제미아가 되는 건 아닐까 싶었다. 순간 내 아이들이 생각났다. 그러면서 아이들한테 못난 엄마라는 게 부끄럽고 미안한 마음도 들었다. 잠시 후 나를 찾아온 친구를 얼싸안았다. 일본 여행 4박 5일 중 하루 만에 세 번이나 놀랐으니 버스에 오르자마자 녹초가 되었다.

마지막 날은 다다미방에서 잤다. 우리 일행은 기념으로 일본의 전통 의상인 '기모노'를 한 번 입어 보았다.

지금 그 사진을 들여다보고 있다. 이십여 년 전의 아찔했던 순간들이 생생하게 기억나는 것이어서 혼자 피식 웃음 짓는다.

(2019년)

PART 1

아름다운 봄밤

　문우 ㅎ님이 경남오페라단의 '해설이 있는 오페라 갈라콘서트'에 같이 가자고 하였다. 코로나19로 인해 한동안 공연 관람은 엄두도 못 내던 터에 무척 반가운 소식이었다.

　창원의 복합 문화예술 공간인 성산아트홀은 나와는 인연이 깊은 편이다. 한 달에 한 번씩 펴내는 문예정보지를 팔구 년 정도 교열을 봐주었다. 뿐만 아니라 두 프로그램의 원고를 맡아 쓰기도 했다. 그러다 보니 고맙게도, 받은 공연 티켓으로 뮤지컬이나 오페라 공연을 가끔 볼 수 있었다.

언제나 그랬듯 대극장을 향한 발걸음은 설렘을 동반한다. 분명, 잠시나마 행복감에 젖을 것이기 때문이었다.

문우 ㅎ님을 만나고 우리 좌석표를 보니 극장의 중간쯤에서 약간 앞쪽이라 더없이 좋았다. 오페라·뮤지컬·음악회 등은 대체로 앞자리가 좋다. 출연자의 표정과 몸짓을 생생하게 느낄 수 있고 목소리도 또록또록하게 들려서이다.

마른침을 삼키고는 시계를 슬몃 보며 곧 시작하겠구나 싶었을 때였다. 조용하던 객석에서 남성 특유의 굵직한 목소리가 우렁차게 들려왔다. 점퍼 차림의 목소리 주인공이 노래를 부르면서 무대 위로 오르는 것이었다. 그러자 오케스트라의 반주와 지휘가 시작되었다. 삽시간에 박수갈채가 쏟아졌다. 팸플릿의 프로그램을 보니 오페라 〈세빌리아의 이발사〉 중 '나는 이 도시의 만물박사'를 노래한 것이다.

그 성악가는 정장 차림의 꼿꼿한 자세가 아니었다. 캐주얼한 복장에다 가만히 서 있지 않고 무대 위를 활보하며 노래를 불렀다. 마치 오페라 속의 주인공을 보는 듯했다.

놀랍게도 가냘픈 몸매의 소프라노도 마찬가지였다. 청아하고 경쾌한 목소리로 청중을 매료시켰다. 나름대로 사뿐사뿐 걸음을 걷는 듯 추는 춤도 어여뻤다.

프로그램에 있는 오페라 〈세빌리아의 이발사〉, 〈투란도트〉 등은 결말이 해피엔딩이다. 반면 〈라 보엠〉, 〈토스카〉, 〈라 트라비아타〉, 〈리골레토〉 등의 작품은 슬프게 끝을 맺는다.

무대 위에 오른 성악가들은 오페라의 내용에 따라 경쾌하고 씩씩한 목소리와 몸짓을 보여준다. 때론 애처로운 표정과 심금을 울리는 애달픈 목소리로 감상에 젖어 노래를 부르는 것이었다. 과연 국내 최정상급의 성악가임을 여실히 보여주었다. 〈토스카〉 중에서 '별은 빛나건만', 〈라 보엠〉 중 '내 이름은 미미'를 부를 때는 슬픈 결말이 생각나 눈앞이 흐려졌다.

지휘자도 멋있었다. 예전의 내가 본 지휘자의 모습이란 악단과 악보만 바라보며 지휘에만 몰두하였으나 이번에는 달랐다. 성악가들이 자유분방한 제스처를 취하며 노래할 때 노골적으로 얼굴을 돌려서 그들을 바라보며 웃는 것이었다. 이채롭고 친근감이 들었다.

간간이 마이크를 들고 작품 해설도 해 주었다. 음악에 대한 해설뿐만이 아니었다. 공연장에서의 에티켓도 웃으며 에둘러 하는 것이어서 관객들은 동시에 웃음이 빵 터지기도 했다. 그러다가 잠시 들고 있던 마이크를 내려놓으며 육성으로 몇 마디 하는 것이었다. "여러분, 마이크가 없으니 제 목소리가 잘 안 들리지요? 우리 성악가들은 마이크가 없는데도 큰소리로 노래를 부르니 대단하지 않습니까?" 하며 응원 메시지를 날리는 것이었다. 금세 뜨거운 박수가 쏟아져 나왔다.

오케스트라의 소개도 잊지 않는다. "오케스트라는 성악가가 없어도 연주하지만 뒤에서 성악가를 빛나게 해 주는 크나큰 역할을 하지요." 하는 바로 그 대목에서 왠지 나의 가슴이 뜨끔하였다. 지휘자가 마치 나한테 하는 말 같았다.

  등단 후, 문학상을 받은 적 있다. 그때마다 나는 작품이 좋았으므로, 또는 운이 좋았기에 상을 받는다고만 생각했을 뿐이다. 훌륭한 오케스트라의 연주 덕분에 성악가가 빛나듯 나도 마찬가지가 아닐까. 외롭지 않고 꿋꿋하게 문학의 길을 갈 수 있도록 응원과 격려를 보내준 이들이 어디 한두 사람일까. 무궁무진한 소재를 아낌없이 제공해 준 대자연에 감사를 보낸 적이 있었나 싶다. 생각할수록 이기적이었던 자신이 부끄럽다. 성악가뿐 아니라 애쓴 연주자들에게도 큰 박수를 보내야 한다는 걸 알려준 지휘자가 존경스러웠다.

  행복하고 의미 있는 시간을 갖게 해 준 문우 ㅎ님이 새삼 고마웠다. 대극장을 나서며 그와 헤어지면서 '아름다운 봄밤이야.' 하고 나는 내 안의 나에게 속삭였다.

(2022년)

PART 1

피노키오를 만나다

　마산 3·15 아트센터에서 열리고 있는 〈피노키오 전〉에 다녀왔다. 여러 나라에서 출간한 피노키오와 관련된 책을 많이 전시해 놓았다. 작가 스무 명이 그린 삽화 200여 점도 한자리에서 만나볼 수 있었다. 국내외의 유명한 삽화가들이 '피노키오'를 독창적으로 재해석한 작품들이어서 가히 볼만했다.

　이탈리아의 '마누엘라 아드레아니'는 《피노키오의 모험》이 어렸을 때부터 가장 좋아했던 동화였단다. 그런데 이렇게 삽화를 그릴 수 있게 되어 무척 기뻤다고 하였다.

전시된 삽화 중에서 우리나라 민경아 작가가 자신의 삽화 밑에 쓴 작품 해설이 의미심장하였다. "모든 인간이 피노키오의 코를 갖고 있다면 우리 모두 길게 자라난 코를 달고 있을 것이 분명하다."라고 한 것이다.

집에 오자마자 책장에서 피노키오 책을 꺼내어 또다시 읽었다.

《피노키오의 모험》은 이탈리아의 '카를로 콜로디'가 1883년 어린이 신문에 연재했던 내용을 책으로 펴냈다. 콜로디는 출간한 책마다 평이 좋았지만 그를 세상에 널리 알린 작품은 단연 《피노키오의 모험》이었다.

전 세계 3백여 개의 언어로 번역되어 무려 8천만 부나 팔렸다고 하니 놀랍지 않을 수 없다. 성경 다음으로 많이 번역된 책이라고 한다. 책을 발간한 지 1백3십 년이 지난 지금도 많은 사람들에게 읽히고 있으니 고전이나 다름없다. 그러나 작가는 이 책이 세계인의 사랑받는 캐릭터가 된 것을 못 본 채 숨을 거두었다고 한다. 안타깝기 짝이 없다.

《피노키오의 모험》은 배울 점이 많은 책이다.

나는 피노키오에게서 '겸손'을 배웠다. 피노키오는 우선 말씨부터 여느 등장인물과 달랐다. 자신보다 힘없고 약한 상대한테도 깍듯이 존댓말로 "물고기 님", "멋진 달팽이 님" 하였다. 그러니 상대방이, 어려움에 처한 피노키오를 물심양면으로 돕는가 하면 친절하게 대해주는 것이다.

언젠가 나는 어린아이에게 길을 물었을 때 반말을 하지 않았다. 그래선지 그 아이는 성심성의껏, 최선을 다해 내게 길을 알려주는 것이었다. 어떤 아이는 내가 찾고자 하는 그곳까지 웃으며 동행해 주기까지 하였다. 이 모두 피노키오 덕분이랄 수 있다. 어디쯤에서 피노키오가 빙긋 웃고 있을 것 같다.

파란 요정한테서는 '용서하는 법'을 배웠다.

피노키오가 계속 말썽을 부리자, "이번에**도** 용서해 줄게. 다음번에는 안 돼." 할 때 가슴이 울컥했다. 상대방을 한 번 용서하는 일도 어려운데 두 번씩이나 한다는 게 보통 힘겨운 일이던가. 파란 요정의 입을 빌려 그렇게 말한 작가의 인품을 엿볼 수 있는 대목이어서 가슴이 뭉클하였다.

파란 요정이 피노키오에게 그랬듯, 나는 내 가슴에 상처를 준 사람에게 가까스로 용서하였다. 하지만 두 번 한다는 건 너무 힘들었다. 그래도 시간이 흐르면서 … 또 용서해 주었다.

유아기를 지나며 성장하는 과정 없이 일고여덟 살쯤으로 바로 세상에 나온 나무 인형 피노키오! '피노키오'의 뜻은 작은 소나무로 만든 인형이라고 한다. 목수 제페토가 피노키오를 나무토막으로 만들 때 그 나무가 소나무였다는 것이다.

피노키오는 옳지만 힘든 길과, 쉬운 쾌락만을 좇는 선택의 기로에 여러 번 서곤 했다. 그럴 때마다 파란 요정은, 거짓말을 하면 코가 길어지고 게으름 피우고 나쁜 짓을 하면 대가를 치러야 한다는 걸 가르쳐준다.

피노키오가 파란 요정에게 거짓말을 했을 때 코가 아주 길어졌다. 그러자 너무 힘들고 불편해서 슬퍼하였다. 파

노충현 작가의 〈피노키오〉

란 요정은 수천 마리의 딱따구리들을 불러 코를 쪼아대게 하여 본래의 모습으로 만들어주었다.

피노키오는 마침내 파란 요정한테서 두 번의 용서와 더불어 엄청난 선물을 받는다. 그토록 원하던 인간 소년으로 거듭나게 된 것이다.

피노키오를 만난 이후로 나는, 거짓말은 흰색이든 빨간색이든 해서는 안 된다고 생각하게 되었다. 선의의 거짓말인 흰색도 자꾸 하다 보면 빨간색에 가까운 분홍색이 된다. 사실이지 그 분홍색 거짓말이 제일 무섭다. 반쯤의 진실과 반쯤의 거짓말이 섞여 있기 때문이다. 그래서 나는 곤란한 상황에는 차라리 말을 안 하는 편이다.

작가가, 처음엔 피노키오가 떡갈나무에 목이 매달려 죽는 불행한 결말로 끝내려 했다고 한다. 그러나 독자들의 열화와 같은 요청으로 행복하게 끝을 맺게 되었다는 뒷이야기가 있다.

《피노키오의 모험》은 어린 시절을 바르게 형성하는 데에 중요한 역할을 하는 책이 아닌가 싶다. (2021년)

PART 1

세상에서 가장 예쁜 호박

    티브이를 통해 영화 한 편을 보노라니 첫 장면부터 배경이 어쩌 낯설지 않다.

    작은 어촌 마을이다. 주인공이 마당에 서서 손에 잡힐 듯한 가까운 거리의 파란 바다에 시선을 보내고 있다. 나는 다음 장면보다도 대체 어디서 봤을까 하는 게 더 궁금하다. 그러다 기억의 저편에서 누군가가 내게 손짓하는 것 같은 환상에 빠져든다.

    오래전 이야기다. 문학 행사를 마치고 참석자들이 함께

서서 기념사진을 찍을 때였다. 참석자가 많다 보니 사진을 찍을 때 옆 사람과 다닥다닥 붙어 섰다. 마침 내 옆에 서신 ㅁ 선생님의 손과 내 손이 닿을락 말락 했다.

ㅁ 선생님은 소설가시며 초등학교 교장 선생님으로 퇴직하신 분이다. 문단의 대선배이시며 내 친정아버지보다 연세가 더 많으시다. 키가 작고 체구도 왜소하기에 뵐 때마다 건강이 염려되었다. 그래 내 호주머니에 들어 있던 손바닥을 지압하는 솔방울 모양의 지압봉을 선생님 손안에 살짝 쥐어 드렸다. 여행지에서 똑같은 걸 열 개 사 와서는 사람들한테 나누어주고 하나 남아 있던 걸 드린 것이다.

선생님은 굉장히 놀라시면서도 너무나 좋아하셨다. 몇 번이나 고맙다며 인사를 하셨다. 내가 당황할 정도였다. 헤어지면서 언제 한번 선생님 집에 꼭 놀러 오라고 하셨다.

그러다가 1년이 조금 넘었을 때다. 마음이 답답한 어느 날이었다. 가까운 어디라도 혼자 다녀와야겠기에 아침부터 무작정 차에 올랐다. 그러자 느닷없이 ㅁ 선생님이 사시는 남해가 생각나는 것이 아닌가. 전화를 드리니 대환영이라며 점심시간에 맞추어 오라고 하셨다. 선생님과 사모님이 드실 간식 몇 가지를 사 들고 일러주신 대로 바로 찾아갔다.

파란 바닷물이 금세라도 바람에 실려 올 듯한 선생님 집 대문 안에 발을 사뿐 들여놓았을 때다. 마치 잔칫집에 들어선 듯 구수하고 얼큰한 음식 내음이 코를 간질였다. 세상에나. 내가 온다고 내 어머니보다 연세가 많으신 사모님이 부엌에서 점심 준비를 하고 계신 것이었다.

아담하고 정갈한 초가집! 겨우 엉덩이만 걸칠 수 있는 좁은 마루에, 방이 두 개였다. 문을 열어 놓은 선생님 방 안에는 태극기 액자와 소나무 그림 액자, 책상과 책뿐이었던 것 같다. 평교사도 아니고 교장 선생님이셨는데 싶자 머릿속으로 '검소' '근검' '절약'이라는 낱말들이 모여들었다. 실로 선생님이 존경스러웠다. 도둑이 들어도 아무것도 가져갈 게 없는 집 같았다. 아니 보태주고 갈 것 같았다. 불현듯 시詩 〈꽃씨와 도둑〉이 생각났다.

마당에 꽃이/ 많이 피었구나/ 방에는/ 책들만 있구나/ 가을에 와서/ 꽃씨나 가져가야지

―피천득의 〈꽃씨와 도둑〉 전문

피천득 선생님이 ㅁ 선생님 댁에서 지은 시 같았다.

사랑과 정성이 가득한 점심을 먹고는 집에서 걸어 5분도 채 안 되는 바다로 갔다. 바닷물에 손을 담가서 물장난치는 나를 보고 선생님이 웃으시며 철부지 소녀 같다고 하셨다.

마당의 햇볕이 있던 자리에 어느새 그늘이 드리워져 있어 집에 가기 위한 준비를 하였다. 선생님이 대문 옆에 쌓아둔 누런 호박을 바라보시더니 사모님을 부르셨다.

"여보게! 저 호박 중에서 가장 예쁜 거 골라서 강 선생 드리게." 하시는 게 아닌가. 그냥 호박 한 개가 아니라 '가장 예쁜 거…'. 일순간, 가슴이 뛰었다. 내가 그걸 받을 수

있는 자격이 되나 싶었다.

  세상에서 가장 예쁜 호박을 받아든 손이 나도 모르게 떨고 있었다. 마치 외갓집에 와 있는 것 같았다. 두 분이 외할아버지, 외할머니 같았다.

  어릴 적 방학만 되면 우리 형제들은 맑은 물이 흐르는 계곡 옆 외갓집에 가곤 했다. 인정 많은 외할아버지와 외할머니는 우리가 가면 사랑스럽다며 그저 뭐라도 챙겨주시곤 하셨다.

  '세상에서 가장 예쁜 호박'을 차 뒷자리에 싣고 오면서 몇 번이나 뒤돌아보느라 사고가 날 뻔했다. 가슴이 벅차올라 운전하기가 힘들었다.

  우리 집에 온 친구는 호박이 영양가가 풍부하다며 범벅을 해 먹자, 죽을 끓여 먹자고 했다. 나는 의미 있는 미소를 띠고는 마른행주로 닦아서 거실에서도 눈에 잘 보이는 곳에 두었다. 오래오래 선생님을 그리워하기 위해서였다.

  세월이 참 많이 흘렀다. 그로부터 어언 20년이 넘었다. 그럼에도 나는 ㅁ 선생님과 사모님의 따뜻한 정을 잊지 못하고 있다. 이제 나는 호박을 사거나 얻으면 음식을 만들어 먹기보다는 장식용으로 바라보는 걸 좋아하게 되었다.

이웃에, 지은 지 얼마 안 되는 집의 담이 온통 초록색이다. 가까이 가서 보았다. 초록 이파리 밑에 종 모양의 꽃부리 끝이 다섯 개로 갈라지는 짙은 황색의 호박꽃이 피어 있었다. 도시의 예쁜 집 담을, 장미도 능소화도 아닌 호박꽃이 뒤덮고 있다니…. 그 집 주인도 아마 나처럼 호박과의 잊을 수 없는 아름다운 추억이 있는 모양이다.

티브이의 파란 바닷물 속에 ㅁ 선생님과 사모님의 정겨운 얼굴이 보인다.

(2018년)

PART 1

안면도의 여름

 마음이 허전하여 창을 연다. 별이 촘촘히 박혀 있는 까만 밤하늘을 기대했건만 온통 희뿌연 잿빛만 가득하다. 맥없이 오도카니 서서 내다보노라니 그날이 불쑥 생각난다.

 태양과 지구가 가장 가깝다는 한여름 어느 날이었다. 각기 다른 지역에서 살고 있는 세 자매가 서로 보고픈 맘에 충남의 안면도에서 만났다.

 서울에 사는 동생이 어쩌다 가 본 안면도에 반해 그곳

에 집 한 채를 마련해 두었던 것이다. 직장 다니고 있는 두 딸아이 시집보내고 나서 부부가 그곳에서 오붓하게 살아갈 거라 하였다. 언니들을 맞이하려고 동생은 서울에서 진작 와 있었다.

동생의 집은 동화책 속에서 옮겨온 듯 참 예뻤다. 집 안팎을 부부가 시간 날 때마다 곱게 단장하고 아기자기하게 꾸며놓았다. 방이 세 개였는데 그중 하나를 들여다보다가 놀라움에 입이 벌어졌다. 벽면 네 곳에 온통 '시詩'가 쓰여 있는 게 아닌가. 동생이 붓펜으로 자신의 시를 포함한 명시名詩 스무여 편을 써놓았던 것. 과연 시인다운 발상이었다. 나는, '오늘 밤 이 방에서 자야겠다'고 마음먹었다.

집 구경은 나중에 하라며 동생이 언니와 나를 차에 태웠다. 멀지 않은 곳에 명품 소나무 '안면송'이 있는 자연휴양림에 갔다. 안내판에, 국내 최고의 소나무 천연림으로 수령이 100년 내외라고 쓰여 있었다. 동생이 서둘러 온 까닭은 12시부터 14시까지 피톤치드가 가장 많이 나온다는 것이다. 피톤치드는 활엽수보다 소나무 같은 침엽수에서,

또한 초여름부터 초가을에 더 많이 내뿜는다고 한다.

우리는 시원스레 쭉쭉 뻗어 오른 적송에서 뿜어 나오는 솔향을 맡으며 솔밭 길을 거닐었다. 나란히 서서 길게 숨을 들이마셨다가 휴 – 하고 내쉬기를 반복하니 웃음이 나왔다. 마주 보며 웃는 모습은 정겨웠고 눈빛은 따스했다. 나무들이 아낌없이 내주는 향기를 피부에도 닿게 하려고 팔소매를 걷어붙였다. 여기저기 놓여 있는 평상에 드러눕기도 하였다. 솔밭 사이의 뜨거운 햇빛이 썩 반갑지는 않지만 삼림욕을 즐기자면 그쯤은 대수가 아니었다.

휴양림에서 벗어나 꽃박람회를 둘러본 뒤 '꽃지 해변'으로 갔다. 예쁜 이름 '꽃지'는 백사장을 따라 해당화가 지천으로 피어난다고 붙여진 이름이란다. 슬픈 전설을 담고 있는 할배·할매 바위 사이로 붉게 물드는 낙조가 무척 아름답다고 한다. 그래서 사계절 여행자들의 발길이 끊이지 않는다는 것이다. 태안 팔경 중 하나이며 변산의 채석강, 강화의 석모도와 함께 서해안 3대 낙조로 알려져 있는 곳이다.

01, 02 꽃지해수욕장에서 바라본
할배·할매 바위와 낙조
03 자연휴양림의 '안면송'

우리가 찾았을 때도 일몰 풍경을 카메라에 담으려고 사람들이 모여들어 진풍경을 펼치고 있었다. 나도 카메라를 들고 그들 틈으로 파고들었다. 둥실한 주홍빛 덩어리는 사람들의 셔터 세례가 쑥스러웠는지 시나브로 바닷속으로 숨어들고 있었다.

사랑과 정성이 가득한 저녁을 맛있게 먹고 우리는 또다시 그곳에 갔다. 백사장에 돗자리를 펼치고 나란히 누웠다. 하늘이 마치 먹물을 뿌린 듯 새까맣다 보니 별빛이 더욱 영롱해 보였다. 다이아몬드가 총총 박혀 있는 것 같았다. 저 수많은 별들이 우리들 가슴에 와르르 쏟아지면 얼마나 좋을까 싶었다.

낮에는 태양 빛이 너무 밝아서 별을 볼 수 없지만 우주에는 수천억 개의 별이 빛나고 있다 한다. 우리는 난생처음 별을 보는 듯 동심으로 돌아가 와! 별이다! 소리 질렀다. 그때 제부가 "저기 북두칠성이 있네요." 하기에 순식간에 네 사람의 시선이 한곳으로 모아졌다.

북두칠성은 주위의 별보다 확연히 밝고 모양이 뚜렷하

므로 가장 찾기 쉬운 별자리다. 우리는 그걸 알면서도 마치 숨은 보석이라도 발견한 듯 마음이 들떴다. 삽시간에 윤동주의 〈별 헤는 밤〉이 떠오르는가 하면 알퐁스 도데의 〈별〉 이야기도 생각났다.

시간이 차츰 지날수록 따뜻한 물속에 들앉은 듯 몸과 마음이 편안해졌다. 다정한 피붙이들과의 만남이 주는 선물이지 싶었다.

그날 밤, 별빛이 언제 내 눈에 들어왔는지 눈이 반짝반짝 빛나면서 당최 잠이 오질 않았다. 덕분에 '시가 있는 방'에 혼자 누워 몸을 뒤척이며 벽에 써 놓은 스무여 편의 시를 모두 감상하였다. 따뜻하고 예쁜 시 몇 편은 외울 정도였다.

> 울려고 갔다가/ 울지 못한 날 있었다/ 앞서 온 슬픔에/ 내 슬픔은 밀려나고/ 그 여자/ 들썩이던 어깨에/ 내 눈물까지 주고 온 날
>
> ─강현덕 〈기도실〉

내다본 밤하늘에서 안면도 꽃지 해변의 별밤이 새록새록 떠오르는 것이다. 그리고 언니 동생이 보고파지는 것이어서, 열어둔 창을 닫지 못하고 있다.

(2018년)

PART 2
물

숨은 꽃·생태계의 보고寶庫, 갯벌·행운의 편지·메리 생각·운보의 집·
수건돌리기·태복산 둘레길을 걷다

PART 2

숨은 꽃

초여름이다. 요 며칠 무척 바빴는지라 그간 눈 맞춤하지 못했던 뒤꼍의 꽃나무들을 보러 갔다.

연둣빛 잎새들이 어느새 초록으로 옷을 갈아입고 있었다. 볼록하게 부풀어서 나뭇가지에 조랑조랑 매달려 있는 꽃망울들은 앙증스러웠다. 대략 일주일 후쯤에는 일시에 고고성을 울리며 펑펑 터지느라고 꽃밭이 시끄럽겠다.

고운 모습과 은은한 향기와의 만남을 고대하며 돌아서려 할 때였다. 익숙한 꽃향내가 나는가 싶더니 건듯건듯

부는 솔솔바람이 초록 사이의 주홍을 설핏 보이게 했다. 가까이 가서 이파리를 들추어 보니 세상에! 참 예쁜 장미 한 송이가 숨어서 곱게 피어 있었다. 마치 조용하게 타오르는 불꽃 같았다. 숨을 줄 모르는 향기 아니었다면 뒤껻에서 홀로 쓸쓸히 피었다 지고 말았을 뻔했다.

그 장미와 나와의 만남은 어언 5년이 넘었다.

어느 날, 어쩌다 꽃집 앞을 지나게 되었다. 바쁜 일로 발걸음을 빨리했건만 나도 모르게 자꾸만 옆으로 돌아가는 고개를 어찌지 못하였다. 초봄이어선지 그 꽃집은 커다란 화원이었다. 그중 저녁놀 빛 주홍색 장미가 유독 내 눈길을 끌어당기더니 당최 놓아주지를 않는 것이었다. 바삐 볼일을 보러 가야 했기에 보냈던 눈길을 애써 잡아당겨 와 걸었다. 근데 이젠 발이 꼼짝을 않는 것이다. 돌아서서 꽃집으로 향하는 걸음걸이는 놀랍게도 가위 동동걸음이었다. 그렇게 하여 꽃집 주인이 내게 안겨준 그 꽃은 나의 장미가 되었다.

그즈음 내 책상 앞 창문을 열어 건넛집의 장미 정원에서 늘 공짜로 꽃구경을 하던 터였다.

그 주홍 빛깔의 장미를 나는 '저녁놀 꽃'이라 부르며 자주 눈길을 주었다. 그게 고마웠던지 해마다 고운 자태를 보여주고 있다. 그랬는데, 숨어 있는 모습을 보니 불현듯 생텍쥐페리의 작품 《어린 왕자》가 생각나는 것이다.

어린 왕자가 꽃밭의 많은 장미들에게 말했다. "너희들은 아름답기는 하나 나의 장미가 더 아름답고 소중해. 그건 내가 물을 주고 고깔을 씌워주고 병풍으로 바람을 막아준 나의 꽃이기 때문이야."라고.

어린 왕자와는 달리 나는 그동안 바쁜 핑계로 나의 장미에게 정성을 기울이지 못했다. 그러다 보니 그 꽃은 상심하여 저 혼자 외로이 숨어서 꽃을 피웠던 게 아닌가 싶다.

살아오면서 나도 잠시 숨고 싶었던 때가 있었다.

나는 평소에 친하게 지내는 사람한테 기쁜 일이 생기면 나도 따라 기뻐한다. 그가 명예로운 상을 받거나 높은 지위에 오르면 마치 내 일인 듯 기분이 좋아진다. 기쁜 일과 좋은 일은 전염되므로 진심으로 축하해 준다. '유유상

종'이란 말처럼 친하다는 이유로 그와 비슷한 좋은 기분을 느낄 수 있기에. 가까운 사이끼리 시기 질투하는 사람들이 있다지만 친한 사이에서는 그래선 안 된다고 생각한다. 나의 지론은 예나 지금이나 변함없다.

 그런데, 내가 좋아하던 사람한테서 큰 상처를 받은 적이 있다. 가슴이, 눈에 보이지 않는 칼에 베였는지 몹시 아팠다. 온 세상이 잿빛으로 보였다. '울지 말자, 울지 말자' 다짐했건만 끝내 이불을 뒤집어쓰고 펑펑 울고 말았다. 어이없는 슬픔은, 그가 나한테 상처 준 것을 모르고 있다는 사실이었다.

 그러다 혹 나한테 문제가 있는 게 아닐까 하고 자신을 돌아보기에 이르렀다. 어쩌면 그 상처는 나 스스로 만든 것이라는 생각도 들었다. 내가 그에게 베풀었으니 그도 나한테 당연하게 그러리라 생각하였는지도 모르겠다. 상대가 원하지도 않는데 나 혼자서 잘해주다가 급기야 상처를 받은 것이었다. 그로 인해 심한 우울감에 빠져 한동안 사람들을 만나지 않고 꼭꼭 숨어 지냈다.

오래전에 '숨은 꽃' 소리를 들은 적 있다.

내가 소속해 있는 'ㅇㅇ수필작가회'의 동인지 출판기념회에 참석하였을 때다. 행사장에 도착하자 전국에서 모여든 동인들이 반갑게 맞아주었다. 그중, 평소에 작품도 인품도 본받고 싶은 ㅎ 선생님이 나를 가볍게 안아주셨다. 그리고는 내 등을 토닥이며 "숨은 꽃!" 하시는 것이었다. 나한테는 큰언니뻘 되는 분인데 왜 나에게 그리 말씀하셨는지 모르겠다. 언젠가는 여쭈어보아야겠다.

바라볼 때마다 내 마음을 환하게 해주던 장미한테 다가갔다. 잠시나마 제대로 돌보지 못한 미안함에 허리를 굽혀 얼굴을 오래오래 갖다 댔다. 애처로이 고개 숙이고 있던 꽃대궁도 곧게 펴 주었다.

곁의 무성한 이파리들이 예쁜 모습의 장미를 시기 질투하여 눈에 잘 띄지 못하게 숨겨버렸을까. 그도 아니라면 자신의 모습을 아무도 봐주지 않는다고 서운해서 스스로 숨어버렸는지도 모르겠다. 나의 따뜻한 눈길과 손길이 닿자 그제서야 빙긋 웃는 것 같다.

내가 힘들었을 때, 무너진 내 마음을 일으켜 세운 것은 누군가의 따뜻한 위로가 아니었던가.

(2019년)

PART 2

생태계의 보고寶庫, 갯벌

미술전시회에 가끔씩 가는 편이다.

얼마 전에 여태 접하지 못했던 전시회가 열리고 있다기에 친하게 지내는 문우와 같이 다녀왔다.

갯벌 작가 조숙희 화백이 올해로 열 번째 갖는 개인전이었다. 그는 '타쉬켄트 국립미술관' 초대전, '칭다오 미술관' 초대전, '일본 동경도 미술관' 초대전을 비롯, '한국미협전' 등에 참가한 중견 작가이다.

바닷가에 드넓게 펼쳐진 갯벌은 고요하고 밋밋해 보인

다. 하지만 그 안에 확성기를 넣어본다면 시끌벅적한 소리를 들을 수 있을 것 같다. 각종 어류, 바지락, 게, 낙지 등의 수많은 생명들이 치열한 삶을 꾸려가고 있기 때문이다. 징그럽게 생긴 갯지렁이도 볼 수 있다. 갯지렁이는 갯벌 속 여기저기를 돌아다닌다. 공기가 잘 통하게 해서 갯벌이 썩지 않게 해주는 구실을 하고 있다. 그러니 꼭 필요한 존재인 셈이다.

갯벌은 해일이나 태풍이 올 때면 방파제 역할을 톡톡히 한다. 뿐만 아니라 해안의 더러운 오염 물질을 깨끗하게 만드는 정화역할도 하고 있다. 생태계의 보고寶庫이자 자연의 콩팥이나 다름없다.

이렇듯 갯벌의 소중함을 상기시키는 조 화백은 '갯벌'에 큰 관심과 사랑을 가지고 있는 것 같다.

조 화백은 동생 친구이다. 그래 꽃바구니를 가져갔는데 전시된 작품을 보기도 전에 우선 조 화백한테 반할 정도였다. 내 선물에 대해 잠시만 고마워하면 될 텐데 한참 동안 고마움에 어쩔 줄을 모르는 것이었다. 첫 만남이었는

조숙희 작가의 〈갯벌〉

데 "언니, 말씀 낮추세요."를 거듭 강조하였다. 차차 그러겠다고 말하며 그제야 그의 면모를 자세히 보았다. 말쑥하고 수더분한 자태에 선한 인상이었다. 활짝 웃을 때는 새하얀 박꽃같이 어여뻤다.

작품 앞에 섰다. 특이한 소재와 재료로 완성된 작품들은 나의 가슴을 뛰게 했다. 전시된 작품들은 모두 다양한 갯벌의 형상이었는데 붓으로 그린 그림이 아니었다. 물에 젖은 신문지를 1년 동안 숙성시킨 뒤 찢거나 비벼서 작품에 따라 질감을 만들어 낸 것이다. 그런 뒤, 캔버스에 신문지를 덧씌우고 유화물감을 칠했다 한다.

작품을 탄생시키려면 많은 신문지가 필요하게 된다. 신문이란 어떤 것인가. 수많은 사연이 담겨 있지 않은가. 한 작품, 한 작품을 대할 때마다 점잖게 침묵하고 있는 다문박식한 사람을 보는 듯했다.

갯벌이라고 다 똑같은 모양과 색깔이 아니었다. 태양과 함께 있는 갯벌 작품은 붉은 피가 끓는 젊음을 느끼게 했다. 누런 빛깔은 열심히 잘 살아오다가 아름답게 마무리

하고 있는 인생의 황금기를 보는 것 같았다. 몸도 마음도 쇠약해진 노년을 생각하게 하는 회색빛 갯벌에는 폐선이 한둘 보였다. 아무도 찾지 않고 내팽개쳐진 듯한 폐선이 있는 작품 앞에 서자 꼼짝을 할 수 없었다.

오래전부터 폐선이 있는 작품을 볼 때마다 그랬던 것 같다. 처음에는 외할머니를 떠올렸다. 외숙모가 일찍 돌아가시자 외할머니가 어린 손자들을 키우셨다. 새벽에 등교하는 손자들의 아침밥은 물론 도시락을 몇 개나 싸는 등 90이 넘도록 일을 하셨다.

외할머니가 돌아가신 후에 본 폐선은 자식을 여섯이나 둔 어머니를 떠올렸다. 가냘픈 몸매에 젖가슴은 빈 껍질이나 다름없었다. 나도 언젠가 외할머니처럼, 어머니처럼 폐선 신세가 될 것이라는 생각에 미치자 마음이 공허해졌다.

처음부터 폐선은 없다. 배가 튼튼하게 만들어졌을 때 수많은 사람들이 찾았다. 재질과 모양, 크기 등에 따라 달랐으나 없어서는 안 될 소중한 가치를 지녔다. 우리들이 젊

조숙희 작가의 〈갯벌〉

은 시절 열심히 일하여 사회에서 지위와 명예를 잠시 지 녔듯이. 노인들이 처음부터 노인이 아니었듯이. 사람처럼 배도 나이를 먹게 된 것이다.

　작가는 바닷길을 걷다가 갯벌에 관심을 가지며 사랑하기에 이르렀다고 한다. 그에게 갯벌 작품은 자신의 별을 찾는 여정이고 노래를 찾는 일이라고 하였다. 별처럼 반짝이는 갯벌을 보고 반해 캔버스에 옮긴다고 하였다.

 작품 앞에서 쓸쓸한 표정을 짓는 나에게 작가는, 폐선이 외롭다는 생각은 해 보지 않았다 한다. 잘 살아온 노년이 지금 황금 같은 휴식을 즐기고 있다는 것이다. 편안한 자세로 바다를 바라보며 그리운 유년 시절을 떠올린다고 하였다. 갈바람에 나부끼는 갈대의 멋진 춤을 감상하기도 한단다.

 작품 속의 물길은 인생길을 나타내고자 했다며 그 길의 끄트머리에는 희로애락이 있다는 것이다. 그러자 잠시 어둡던 내 낯빛이 차츰 밝아지는 듯했다.

 갯벌 작품들은 우리네 인생의 다양한 이야기를 조곤조곤 말해주는 것 같았다. 지구온난화로 생태계가 파괴되어 가고 있는 요즘, 조 화백은 환경운동가나 다름없다는 생각이 들었다.

(2022년)

PART 2

행운의 편지

또 '행운의 편지'가 왔다. 처음 받았던 때가 삼십 대 중반이었으니 실로 오랜만이다. 이번에는 육필로 쓴 편지가 아니다. 같이 수필 쓰는 선배님이 카톡으로 보내주셨다.

몇십 년 전 처음 받았을 때 '이게 뭐지?' 싶어 조심스럽게 봉투를 열어 보던 게 생각난다. "이 편지는 영국에서 최초로 시작되어 (…) 이 편지를 4일 안에 20명에게 복사해서 보내면 행운이 오고 그렇게 하지 않으면 불행이 옵니다."라는, 그러니까 '행운과 불행의 편지'라고나 할까.

편지에 적힌 대로 한 사람이 이내 행운을 갖게 되었다는 내용은 어쩐지 믿기지 않았다. 그 편지를 보내지 않은 케네디 대통령이 며칠 후 암살당했다는 대목에선 장난 편지 같았다. 마침 우리 집에 놀러 온 친구가 읽어보고는 픽- 웃더니 쓰레기통에 버리라고 하였다. 친구가 대신 버려 주었다.

그 무렵, 나는 참 힘들게 살아가고 있었다. 외동아들한테 시집와서 딸만 하나 달랑 낳고는 감감무소식이었다. 허구한 날 손자 타령을 하시는 시어머님 등쌀에, 임신에 좋다는 약과 음식만 찾아 먹었다.

친구가 가고 나서 쓰레기통에 버린 '행운의 편지'를 꺼내어 다시 읽었다. 내게 아들을 낳을 수 있는 행운을 안겨준다면 무슨 짓인들 못할까 싶었다. 스무 통 아니 이백 통이라도 보낼 수 있다며 입술을 깨물었다.

동네 문구점에 가서 편지지와 봉투를 사 왔다. 요즘이야 컴퓨터도 있고 프린트기도 있지만 그때는 일일이 손으로 써야 했다. 글씨를 예쁘게 정성 들여 쓰면 행운이 꼭 올 것 같은 좋은 예감마저 들었다. 물에 빠져 지푸라기라도 잡는 절절한 심정으로 글자 한 자 한 자 바르게 써서 봉투 속에 넣었다. 전화번호부에 나와 있는 주소를 무작위로 20명 골라 적은 뒤 빨간 우체통에 넣었다. 유치하기 짝이 없지만 '제발 아들 하나 낳게 해 주세요.' 하고 간절히 빌면서.

그 행운의 편지를 보내고 난 뒤 거짓말 같은 일이 일어났다. 놀랍게도 딸 낳은 지 11년 만에 임신이 되었다. 드디어 오매불망하던 아들을 낳은 것이다.

아들을 낳은 후 시댁에 갔을 때다. 거실 소파 옆에 누가 보냈는지 팔순의 시아버님 앞으로 '행운의 편지'가 와 있었다. 봉투가 뜯겨져 있는 걸로 보아 읽으신 것 같았다. 여쭤보기 민망하여 그냥 모른 체했다. 물론 시아버님이 그걸 다 베껴 써서 스무 명에게 보냈을 리는 만무하다.

다음 날 우리 집으로 돌아왔으며 며칠 후 무서운 소식을 접했다. 시아버님이 돌아가셨다는 전갈을 받은 것이다. 평소에 시아버님께선 워낙 건강하셔서 아파 누워 계시는 모습을 나는 한 번도 본 적 없었다. 그날도 아침 운동으로 동네 한 바퀴 돌고 오시다가 대문 안에 발을 들여놓자마자 쓰러지셨다. 어찌해 볼 새도 없이 돌아가신 것이다.

나는 온몸에 소름이 오스스 돋았다. '행운의 편지' 사건에 대해 그 누구한테도 차마 말할 수가 없었다. 어쨌든 행운의 편지는 그 편지 내용대로 한 내게는 행운을 주었다. 또 그렇게 하지 않은 시아버님에겐 불행을 주었던 것만은 확실했다. '이럴 줄 알았으면 내가 대신 써 드리는 건데….' 싶었다. 왠지 내가 죄인이 된 심정이었다. 물론 그 모두가 오비이락烏飛梨落일 수도 있다.

1930년도 어느 신문에, "삼사 년 전 '행운의 편지'라는 것이 성행하여 우편국 수입이 상당하였다."라는 기사가 실려 있었다 한다. 계산해 보니 아마도 1920년대 말부터 존재했음을 추리할 수 있겠다.

세월이 많이 흘렀는데 이렇게 두 번째 행운의 편지를 받고 보니 그때 일이 생생하게 떠오르는 것이었다.

내게 보내준 선배님이, 그걸 스무 명한테 카톡으로 보내

셨단다. 그러자 서울에 사는 외동아들이 낼모레 고향 집에 내려온다고 연락 왔다는 것이다. 그러면서 날더러 빨리 보내라신다.

오래전 처음 편지를 받고 그걸 그대로 베껴 스무 명에게 보냈을 땐 오로지 내 생각뿐이었다. 단지 아들을 바라는 마음! 그러나 시아버님의 사망과 관련지어 보면 생각이 깊어진다. 지금 보낼 그 스무 명 중에 혹여 시아버님처럼 불행이 전달되면 어쩌나 싶어 망설여지는 것이다.

나흘 안에 스무 통을 보내야 한단다. 내일이면 나흘째다. 보내야 할지 말아야 할지…. 나는 지금 이러지도 저러지도 못하고 있다.

(2021년)

PART 2

메리 생각

길을 가다가 나도 모르게 발걸음을 멈추었다. 통유리 안에 보이는 아기자기한 소품에 눈길이 간 것이다. 앙증스러운 옷이며 장난감이 진열되어 있는 것으로 보아 아기용품을 파는 가게 같았다. 이제 나도 손자가 있고 보면 그냥 지나칠 수가 없었다.

여섯 살 손자한테 뭘 사줄까 생각하며 하나하나 살펴보는데 옷도 장난감도 너무 작았다. 갓난아기용품 가게냐고 주인에게 물었더니 애완용품점이란다. 애완동물을 키워

본 적 없는 나로서는 놀란 나머지 벌어진 입이 도저히 다물어지지 않았다. 가격표를 훑어보다가 또 한 번 놀랐다. 내 손바닥만 한 옷이 3만 원, 5만 원이었다. 40만 원이라 적혀 있는 강아지 전용 유모차도 있었다. 샴푸, 영양제, 장난감, 소파, 이불 등 그 모두가 애완용품이라는 것이 아닌가.

가게를 나서자 먼먼 옛날, 내 유년 시절이 불쑥 생각났다. 집집마다 대문에 '개조심'이라 써놓은 글을 어렵지 않게 볼 수 있었던 때다. 그즈음 우리 집에서 키우던 강아지 '메리'가 느닷없지만 불쌍하게 느껴졌다. 요즘 세상에 태어났으면 좋았으련만 싶었다.

순하고 귀여운 메리는 예쁜 옷은커녕 장난감, 유모차, 영양제 등은 상상도 못 할 세상에 살았다. 자신의 소유라고는 판자때기를 대문 옆 담벼락에 고정하여 얼기설기 엮어 만든 쪼끄만 집이 전부였다. 목욕이라고 특별히 시켜주지도 않았다. 마당에서 뒹굴며 놀다가 우물가에 비상수로 받아둔 물에 들어갔다 나오는 게 목욕이라면 목욕이었다. 또한 요즘처럼 전용사료는 언감생심, 우리 식구가 먹다 남긴 음식 찌꺼기가 바로 주식主食이었다.

몽고 속담의, '말(馬)은 귀에 영혼이 있고 개는 꼬리에 영혼이 있다'는 말을 그때 실감했다.

메리는 우리가 주는 음식에 따라 꼬리의 모양새가 달랐다. 자신이 특별히 좋아하는 음식을 주는 날이면 꼬리가 이리 갔다 저리 갔다 바삐 움직였다. 아마도 꼬리의 움직임이 기분과 연결되는 듯하였다.

내 바로 밑 남동생이 메리를 유난히 좋아한 모양이었다. 우리가 밖에 나갔다 집에 오면 메리는 예의상 반가움의 표시로 꼬리를 살랑살랑 흔든다. 그렇지마는 남동생은 우리와 확연히 달랐다. 기분이 몹시 좋은지 꼬리를 좌우로 잽싸게 흔들어대는 것이었다. 바라보던 나는 저러다 우리 메리 꼬리가 부러지는 건 아닐까 걱정을 하곤 했다. 근데 동생 친구가 놀러오면 메리의 태도는 180도로 변했다. 꼬리를 빳빳하게 하여 땅을 향하게 하는 것이었다. 경계의 표시인 셈이다. 알고 보니 동생의 그 개구쟁이 친구는 가끔씩 메리한테 발길질을 한다는 걸 알았다.

겨우 걸음마를 하던 동생이 두 손으로 메리의 입을 벌리게 하는 위험한 행동을 할 때가 있었다. 그래도 메리는 꼬리를 좌우로 흔들흔들하며 동생의 장난기를 받아주는 것이었다. 동생이 가지고 놀던 공이 마당 저만치로 굴러가면 가져오기까지 하였다.

그뿐인가. 착하게도, 어머니가 애써 일구어 놓은 마당가의 꽃밭과 텃밭 근처에는 얼씬도 안 했다. 어떤 날은 얌전히 꽃 구경을 하기에 우리가 곁에 가서 안아주었던 기억도 있다. 말이 통하지 않는 인간보다 숫제 착하고 충직한 개와 함께하는 게 훨씬 낫다는 생각이 들 정도였다.

어느새 어미 개가 된 메리가 밤중에 달을 보며 리드미컬하게 "컹- 컹-" 짖을 때도 있었다. 그 소리를 들으면 우리 동네가 현재 무사하다는 걸 느끼며 편안하게 잠자리에 들고는 했다.

이렇듯 사람한테 예쁜 짓, 착한 짓만 하는 개를 보고 왜 안 좋은 말 앞에는 꼭 '개' 자를 넣는지 모르겠다. '개밥' '개

팔자' '개떡' '개고생' '개 같은 인생' '개판' 등. 그뿐인가. '개똥도 약에 쓰려면 없다' '개떡같이 말해도 찰떡같이 알아들어라'라는 개와 관련된 속담도 있다.

  예전에는 도둑을 막기 위해, 요즘은 사람들의 고독과 외로움을 막기 위해 개를 키우는 듯하다.

언젠가 티브이에서 누군가가, 8천만 원짜리 캠핑카를 구입하여 자신의 개와 둘이서 여행하는 장면을 보았다. 채널 돌리다 잠깐 보았기에 무얼 전하려는 프로그램인지는 알 수 없었다. 어쨌든 개를 아주 많이 사랑하는 마음은 알 수 있을 것 같았다.

  이웃에 사는 젊은 여성도 저녁 무렵이면 동네를 한 바퀴 돌면서 산책을 한다. 뭘 안고 있기에 넌지시 보니 강아지가 아닌가. 암컷인지 알록달록한 무늬의 원피스를 입고 꽃이 달린 머리띠도 하고 있었다. 신기하기도 하고 깜찍스럽기도 하여 쳐다보면 그 여성은 빙긋 웃는다.

  애완견의 병원비가 엄청나다는 걸 알았다. 목욕비며 미용실료도 만만치 않다고 한다. 그러나 우리한테 외로움

대신 즐거움을 주는 애완용이니 당연히 그렇게 해야지 싶기는 하다. 단지, 제발이지 싫증 난다고 어느 날 갑자기 길에 내동댕이치지만 않았으면 좋겠다는 생각이 든다.
  갑자기 우리 '메리'가 보고 싶다.

(2019년)

PART 2

운보의 집

ㅂ 화백의 화실에 갔을 때였다. 그의 책상 위 책꽂이에서 운보 김기창의 화집을 보게 되었다. 화집 속의 마지막 그림까지 보고 나니 가슴이 벅차올라 나도 모르게 책을 끌어안았다.

서점에서 사 온 《자동차 주말여행 코스 북》을 펼치니 명소 몇 곳 중 '운보의 집'도 소개해 놓았다.

내가 살고 있는 창원에서 3시간 넘는 거리에 있었지만 망설이지 않았다. 휴대폰 내비게이션이 이끄는 대로 갔다. 청주 시내가 아닌 산골이었다. 운보 선생이 가장 좋아한다는 갈맷빛 속에 있었다. 갈맷빛이라면 내가 젤 좋아하는 색이 아니던가. 가슴이 설레기 시작했다.

　입구에, 큰 바위에다 적어놓은 〈운보의 말씀〉이 눈길을 잡아당겼다. 자신의 귀가 들리지 않는 것을 불행으로 생각하지 않는다 했다. 시끄러운 소리 듣지 않고 조용한 속에서 예술세계에 정진할 수 있어 다행으로 생각한다는 것이었다. 단, 이미 고인이 된 부인과 자녀들의 목소리를 한 번도 못 들은 것이 한恨이라 하였다. 애처로움에 나는 한동안 어찌할 바를 몰랐다.

　숙연한 마음으로 옷깃을 여미고 '운보의 집' 대문 안으로 발을 들여놓았다. 우리 고유의 전통양식인 한옥이었다. 행랑채를 지나자 바로 널따란 연못이 나타났다. 색색의 잉어들이 평화롭게 유영하는 모습이 보였다. 연못 위에는 작은 정자가 있었다. 아름다운 정경 속에서 작품 구상을 하셨겠구나 싶었다.

　운보 선생이 기거하신 안채 쪽으로 발길을 돌리자 몇

01 운보 김기창 화백의 집으로, 작고 때까지 작품 활동한 곳
02 운보의 집 입구에 있는 심금을 울리는 〈운보의 말씀〉
03 작품에 몰두하고 있는 운보 김기창 화백
04 운보가 그린 만 원권 지폐와 세종대왕의 초상화(표준영정)

백 년이 지난 듯한 모과나무가 보였다. 선생이 마당에 엎드려 "고맙습니다." 하고 큰절을 하면 "그래, 알았노라."며 이파리를 흔들었다는 나무다. 나도 절을 해야 하나 싶었다.

'운보의 집'은 86,000㎡ 부지 위에 조성되었다. 어머니의 고향으로, 부인인 박래현 화백과 사별 후 7년여에 걸쳐 완공되었다 한다. 타계하실 때까지 그곳에서 작품 활동을 하셨다고 전해진다.

'운보의 집' 바로 뒤에 있는 '운보 미술관'으로 발길을 옮겼다. 개인 미술관으로서는 세계 최대 규모라더니 과연 그랬다. 선생의 대표작 등 많은 작품이 전시되어 있었다. 벽면에는 여백을 두지 않고 선생의 일생을 소상히 기록해 놓았다.

1921년, 여덟 살이 되던 해였다. 보통학교 입학식 다음 날 열린 운동회에 다녀온 뒤 고열로 인한 후천성 청각 장애인이 된 것이다.

작품을 한 편씩 찬찬히 감상하였다. 선생의 대표작이라

고 하는 〈태양을 먹은 새〉 앞에 서니 가슴이 뜨거워지는 듯했다. 새 한 마리의 몸이 둥글고 태양처럼 붉은 색이었다. "나의 분신과도 같은 작품이다. 우주 전체를 집어삼키고 싶은 내 심정의 표현이었다." 그림 밑에 선생이 써 놓으신 글이다.

그럴 때마다 터질 듯한 가슴의 응어리들을 그림에 쏟았다고 한다. 듣지 못해서 울부짖고 싶고 아무거나 때려 부수고 싶었다던 운보 선생의 솔직한 마음을 엿볼 수 있었다.

〈군마도〉 작품 앞에 섰다. 굵은 직선과 입체적인 표현이 돋보였다. 그야말로 거침없는 힘찬 필력이었다. 이 작품

개인 미술관으로는 세계 최대 규모인 운보미술관

　도 말(馬)을 좋아하는 선생의 대표작 중 하나라 한다. 용맹스러워 보이는 다섯 마리의 말이 바람을 가로지르면서 달리는 그림이었다. 금방이라도 그림 속을 뚫고 나올 것만 같이 생생하였다.

　선생은 붓만 들면 못 그리는 그림이 없을 정도로 다양한 작품을 탄생시켰다. 언젠가 MBC-TV 시청자 미술부문 인지도 조사에서 '한국인이 가장 좋아하는 화가'로 선정되었다 한다.

선생은 녹색을 좋아하신다더니 녹색이 들어 있는 작품이 꽤 많았다. 〈청록 산수〉〈청산도〉〈우후 청산〉〈바보 산수〉 작품들이 그러하다.

1층 전시실에 돈 만 원짜리가 크게 그려져 있었다. 지폐 속의 세종 대왕을 운보 선생이 그린 것이다. 처음에 운보 선생이 그려놓은 세종 대왕의 얼굴을 스승인 김은호 선생이 지우고 다시 그렸단다. 그러자 스승이 나가고 나서 운보 선생도 지우고 다시 그렸다 한다. 우스운 이야기는, 다 자기 얼굴을 조금씩 닮게 그렸다는 것이다. 자세히 보면 만 원권 지폐 속의 세종대왕 얼굴이 운보 선생의 얼굴과 비슷한 것도 같다.

이때 그린 세종 대왕 초상화는 '표준영정'으로 지정받았다고 한다. 그 외에도 을지문덕 장군, 태종무열왕, 문무왕, 지리학자 김정호, 의병장 조헌 등의 표준영정을 그렸다 한다.

다른 전시실에는 부인 박래현 화백의 그림과 월북작가

인 동생 김기만 화백의 작품도 있었다.

  지하 전시실에서는 좀 생경한 작품을 볼 수 있었다. 선생이, 예수를 그린 카드를 선물 받을 때마다 예수를 그려 보고 싶은 충동을 느꼈다 한다. 그러다 30여 년 만에 드디어 그렸던 것이다. 예수가 한국 사람인 것처럼 바지저고리와 두루마기를 입히고 머리에 갓을 씌웠다. 예수의 생애를 총 30여 점으로 완성하였다 한다. 작품들이 특이했다.

  선생의 호 '운보韻補'를 어머니가 처음에 '운포雲圃'라고 지어주셨다. 1945년, 해방을 맞아 자신도 굴레를 벗겠다는 뜻으로 포圃의 테두리인 큰 입구口자를 없앴다. 운보韻補로 바꾼 것이다.

  선생의 부인 우향 박래현 화백이 사망했을 때 운보 선생이 하신 말씀이 가슴을 친다. "우향은 가난하고 귀먹은 벙어리 총각이 불쌍해서 하나님이 도와주라고 잠시 하늘나라에서 내려보냈다가 데려간 천사야…."

  그렇게 큰 사람 운보 선생은 돌아가셨다. 시신을 실은

영구차가 집을 떠나려 할 때였다. 선생이 키우던 개가 차 앞에 누워 어찌나 몸부림을 쳤던지 무릎이 까져 피가 다 나왔다고 한다. 비록 말은 못 하지만 행동으로 운보 선생과의 애틋한 지난날을 알려준 듯하다.

 운보 선생은 자신의 몸이 불편하기에 잘하는 것은, 내세울 것은, 그림뿐이어서 죽기 살기로 그림만 그리신 것이다.

 집으로 돌아오면서, 자신이 하는 일에 최선을 다해야 한다는 운보 선생의 가르침을 크게 받았다. 대충, 그리고 건성으로 작품 활동을 하는 사람들은 한번쯤 '운보의 집'에 다녀와야 하지 않을까 싶다.

 나는, 운보 선생처럼 잘하는 것도 내세울 것도 없다. 다만 조금 할 줄 아는 게 글쓰기인지라 선생보다 몇백 배 아니 몇천 배 노력해야겠다고 굳게굳게 다짐하였다.

(2019년)

PART 2

수건돌리기

　아침에 일어나 내가 가장 먼저 하는 일은 대문 밑에 있는 조간신문을 가지러 가는 것이다. 그리고는 좌악 펼쳐서 사진과 큰 제목을 훑고는 일단 아침식사 준비부터 한다. 나의 신문 보기는 가족이 일터로 나간 뒤 시작된다.
　요즈음, 신문만 펼치면 정치 이야기와 사건 사고 등 연일 답답하고 짜증 나는 기사가 대부분이다. 허나 오늘의 조간신문은 미처 잠에서 덜 깬 내 눈을 삽시간에 활짝 뜨이게 해 주었다.

우선 신문 1면에 선명한 총천연색 사진이 커다랗게 실려서 내 시선을 훅 잡아당긴다.

초록 풀밭에서 예닐곱 살쯤으로 보이는 아이 열댓 명이 한복 차림을 하고 동그랗게 둘러앉아 있다. 한눈에 '수건 돌리기'를 하고 있음을 알 수 있다. 낼모레가 추석이다 보니 사라져가는 우리의 전통놀이를 다시금 생각해 보자는 마음이 들게 한다.

끝부분이 뾰족한 세모나 네모가 아닌 동그라미는 마음을 편안하게 해 주는 성향이 있어 좋다. 예쁜 아이만 모아 놓았는지 아니면 내 눈에 그렇게 보였는지 하나같이 귀엽기만 하다. 나도 한복을 입고 저 아이들 속에 섞여들고 싶다.

흰 저고리에 초록색 치마를 입은 사랑스런 여자아이가 앞서 달리고 있다. 치마가 밟힐까 봐 두 손으로 치켜올렸는데 하얀 속곳이 다 드러난다. 참 천진스런 모습이다. 그 여자아이가 놓고 간 수건을 집어 들고 뒤따르는 남자아이는 노란 조끼를 입었다. 씩씩한 꿈나무를 보는 듯하다. 앞서 달아나는 여자아이는 뒤를 돌아보면서 수줍게 웃는다. 남자아이 역시 싱글벙글하며 뒤따른다.

　나는 넋 나간 듯 그 아이들의 깜찍한 모습에 보냈던 시선을 거둘 줄 모른다. 가족의 아침 식사 준비를 해야 한다는 걸 깜빡 잊은 지 이미 오래다.

　먼먼 옛날, 내 유년 시절의 놀이는 돈 들이지 않고도 되는 놀이가 대부분이었다. '고무줄놀이' '숨바꼭질' '사방치기' '수건돌리기' '자치기' 등이었다. 이 모두 혼자서는 할 수가 없다. 여러 명이 함께 어울려서 해야 한다. 더불어 살아가야 한다는 걸 자연스럽게 배우게 된다.

　내 의지와 상관없이 불현듯 몇십 년 전의 꼬맹이 시절 속에 어느새 들어가 있다.

　초등학생 시절이었다. 학교를 파하면 동네의 공터나 골목길에서 약속도 없이 우리들은 어울리곤 했다. 집집마다 아이들이 많다 보니 팀을 나누어 노는 게 쉬웠다. 고무줄놀이 등은 아무 곳에서나 가능하다. 수건돌리기는 대체로 소풍을 가서 하곤 했다. 산이나 들에서 빙 둘러앉으면 되는 것이었다. 그때의 일을 떠올리니 나도 모르게 입꼬리가 슬며시 올라간다.

　초등학교 3학년 봄 소풍에서다. 보물찾기를 끝내고 우리 학급생 전체가 함께할 수 있는 놀이를 찾다가 수건돌리기를 했다.

　나는 사실이지 그 많은 아이들 중에 설마 내 뒤에다가 누가 수건을 갖다 놓으랴 싶었다. 앉아 있는 자리에서 보이는 풀꽃 속에 눈길로 네잎클로버만 찾고 있을 뿐이었다. 그러자 내 옆자리에 있던 친구가 팔꿈치로 나를 쿡쿡 치는 것이었다. 뒤를 보니 수건이 있었다. 화들짝 놀라면서 일어나 내 뒤에 수건을 놓고 달아난 아이를 쳐다보았다. 그는 학기 초에 강원도에서 전학 온 남자아이였다. 그와 난 짝지도 한 번 안 했는 데다 둘이서 대화를 나눈 적도 없었다. 이런저런 생각을 하느라 나는 정작 누구의 뒤에 수건을 놓았는지 기억이 없다.

　4학년이 되어 반편성을 했는데 그 아이와 또 한 반이 되었다. 두 줄로 서서 학교 뒷산으로 봄 소풍을 갈 때였다.

나는 탐스럽게 핀 야생화에 시선을 뺏겨 쪼그리고 앉아 쓰다듬었다. 쉽게 꺾을 수는 없어서 아쉬운 듯 몇 번이나 뒤돌아보며 걸었다. 그러다 즐거운 시간을 보내고 산을 내려올 때였다. 그 남자아이가 잠시 잽싸게 내 곁을 지나는가 싶었는데 내 손에 그 야생화 서너 송이를 쥐어주는 것이 아닌가. 정말 순식간이었다. 그리곤 재빠르게 앞서갔다. 그뿐이었다. 그리고 그해 겨울방학 때쯤 그 아이는 다시 강원도로 전학 갔다. 지금 생각해 보니 이름도 얼굴도 기억나지 않는 그 아이가 나를 좋아했던 것 같다.

수건돌리기는 핵가족, 한 자녀 가족의 아이들은 상상도 못할 재미있는 전통놀이다. 고급 장난감에, 컴퓨터에, 몇 군데 학원을 전전하며 휴대폰이 친구인 요즘 아이들이 알리 만무하다.

친구들과 함께 웃고 울던 그 옛날이 문득 그립다. 지금 비록 다 중늙은이가 되었지만 그 친구들과 언제 한번 만나서 수건돌리기를 하고 싶다.

(2021년)

PART 2

태복산 둘레길을 걷다
– ㅊ 선생님께 드리는 글

　ㅊ 선생님! 새로 산 등산화를 신고 태복산을 오르고 있답니다. 태복산의 산빛이 아름다운 그림 같다기에 저도 그 그림 속에 한 번 들어가 보고 싶어서입니다.

　저만치서 가족끼리 친구끼리 콧노래를 부르며 가고 있어 뒤따라갑니다. 조금만 가면 정상이라기에 설레면서 말입니다.

　까마득한 옛날이야깁니다. 제가 이십 대 초반 무렵에 '지리산 철쭉제'에 참가하였습니다. 아마도 참가 인원이

2천 명 정도 되었지 싶습니다. 그때는 단지 정상에 빨리 오르려는 일념 하나로 다른 곳엔 눈길을 줄 틈이 없었습니다. 오로지 앞사람 엉덩이가 저의 길라잡이였습니다.

그러나 산행이란 단거리 경주하듯 그렇게 단숨에 하는 것이 아니란 걸 지금에야 알 것 같습니다. 길섶의 작은 풀꽃에도, 발에 차이는 못생긴 돌멩이에도 애정 어린 눈길을 보내야 한다는 것을요. 산을 오를 때는 몰랐는데 내려올 때는 여간 힘든 게 아니었습니다. 넘어지고 엎어지고를 몇 차례나 했습니다. 다시는 등산을 안 하리라 마음먹었습니다. 그러니 지리산의 정상인 천왕봉을 그때 처음이자 마지막으로 본 셈입니다.

그런데 작년 가을, 우리 모임에서 '아름다운 길 걷기' 할 때 말입니다. 그 둘레길은 그야말로 평지임에도 제가 뽀얀 흙먼지를 일으키며 우세스레 꽈당 엎어졌지요. 오른 팔꿈치에서 피가 자꾸 날 정도로 많이 다쳤습니다. 저는 왜 잘 엎어질까요?

전날, 서울의 문학 행사에 다녀온 게 힘들었는지 모르겠습니다. 동인지 출판기념회에 참석했습니다. 사전같이 두꺼운 동인지를 수필 공부하는 사람들에게 나눠줄 요량으로 열댓 권이나 받아왔습니다. 하이힐을 신고 그 무거운 책을 행사장에서 지하철로, 또 서울역으로 들고 갔습니다. 기차 시간이 많이 남아서 저녁 식사를 하기 위해 식당에 갔을 때입니다. 비빔밥을 시켜서 한 숟가락 떠서는 입에 넣으려는데 손이 제 입까지 안 올라오는 것이지 뭡니까? 그래 고개를 숙여 입을 숟가락 든 손으로 가져갔지요. 그런 웃지 못할 일이 있은 뒤 밤기차를 타고 집에 온 거랍니다.

다음 날인 토요일 오전 10시까지 모임 장소인 창원대학교 주차장에 가야 했습니다. 둘레길을 걷는다기에 그냥 운동화를 신고요. 이런저런 이유가 뒤섞여 엎어진 게 아닌지 모르겠습니다.

그때까지만 해도 몰랐습니다. 행사를 마치고 집에 오니 ㅂ 시인이 좀 어떠냐고 안부 전화를 걸어왔습디다. 그러면서 놀라운 소식을 전해주더군요. 제가 엎어졌다는 얘기를 들은 ㅊ 선생님이 외줄기 길에서 앞선 다섯 사람을 제치고 쏜살같이 달려가서 저를 일으켜 주더라는 것입니다. 정말 감동적인 장면이었다고까지 하면서 말입니다. 저는 그 말을 듣고 온몸에 소름이 돋았습니다. 그러고 보니 그때 저를 일으켜 준 몇 사람 중에 선생님도 보이는 것 같았습니다. 역시 ㅊ 선생님이셨어요. 평소에 우리 회원들이, 선생님이 가르치는 학생들이, 왜 선생님을 좋아하는지를 알았습니다. 누나라도 한참 누나뻘인 제가 선생님한테 이번에 참 많이 배웠습니다. 선생님은 그 상황에 놓인 누구에게라도 그렇게 했을 분입니다. 여하튼 그 고마움은 이제 제 가슴속 깊은 곳에 자리하면서 오래토록 훈훈하게 할 것입니다.

ㅊ 선생님!

태복산 둘레길이 평탄해서인지 새로 산 등산화 덕택인지 걸음걸이가 제 마음처럼 참 가뿐합니다. 곳곳에 자리하고 있는 산 식구들을 만나며 인사 나누면서 갑니다. 때

마침 솔바람이 건듯 불자 통통거리는 풀꽃들의 모습이 앙증스럽습니다. 그 작은 풀꽃들이 저에게 겸손을 가르칩니다. 예쁜 자신들을 가까이서 보려면 고개를, 허리를 숙여야 한다고 말입니다.

사람들은 잘난 사람과 못난 사람이 같이 어울리지 않지만 나무는 달랐습니다. 상처 하나 없이 쭉 뻗어 있는 잘생긴 나무도, 껍데기가 다 벗겨져 볼썽사나운 나무도 함께하고 있습니다. 비바람이 휘몰아쳐도 쓰러지지 않기 위하여 뿌리들이 서로 엉켜 단단히 결속되어 있는 것 같습니다. 산비탈에 아슬아슬하게 서 있던 나무가 쓰러지려는 걸 옆의 나무들이 받쳐주고 있습니다. 모양새가 참 정겹습니다. 좋은 이웃을 보는 듯 흐뭇합니다. 더불어 함께하는 행동을 몸소 보여주신 ㅊ 선생님 같습니다.

벌써 하산하는 사람들을 만납니다. 그들은 난생처음 보는 저에게 미소와 목례를 보내 줍니다. 저도 같이 웃음 띠며 고개 숙입니다. 산도 사람들도 모두 아름답습니다.

ㅊ 선생님, 오늘 태복산은 제게 많은 깨우침을 주었습니

다. 다음 모임 때는 바닥이 미끄러운 운동화가 아닌 등산화를 꼭 신고 가겠습니다. 행사 전날엔 잠을 푹 자고는 씩씩한 모습으로 나타나겠습니다.

(2021년)

PART 3
길

꿈에 • 장점 찾기 • 그 여인은 어디로 갔을까 • 행복한 기분 • 불면의 밤 • 비와 눈물 • 문학의 산실에 가다

PART 3

꿈에

꿈이 신비스러운 힘을 가지고 있다는 것에 공감이 간다. 꿈속에서 감지한 것이 그대로 현실에서 나타나기에 놀라움을 금치 못할 때도 있다.

문학 작품으로 쓰이거나 발명 또는 발견의 실마리가 되었다는 이야기도 들은 바 있다. 《우주전쟁》《타임머신》 등의 공상과학소설로 유명한 영국의 소설가 허버트 조지 웰스가 1933년에 발표한 저서가 이런 경우이다.

그는 제2차 세계대전의 발발과 일본의 두 도시에 원자

폭탄이 투하될 것이라고 예언하였다. 꿈속에서 미래에 관한 역사책을 읽고는 깨어나자마자 메모해 두었다가 책에 쓴 것이다. 과연 그 예언은 명중하여 많은 화제를 일으켰다.

  항상 기분을 상쾌하고 행복하게 해 주는 꿈만 꿀 수는 없는 것 같다. 어두운 동굴 속에 갇혀서 아무리 발버둥쳐도 밖으로 빠져나오지 못할 때가 있다. 자신을 해치려는 자가 뒤쫓아 오는데 발이 꼼짝을 안 하는 안타까운 경우도 꿈 이야기다.

  몇 년 전에 꾼 꿈이 아직도 생생하게 기억 속에 남아 있다.

  매월 모임을 갖는 수필문학회에서 그 달에는 지리산의 어느 식당에서 공부하기로 하였다. 공부를 마친 뒤 지리산의 가을 정취를 느껴보기 위해서였다. 그 무렵 회장 직책을 맡고 있다 보니 현장 답사 차 미리 한 번 갔다 오는 게 마음이 편하겠다 싶었다. 우리한테 식사를 대접하겠다는 ㅂ 학교장에게 간다고 연락을 했다.

출발하려고 차에 시동을 걸자니 맑은 콧물이 나왔다. 자꾸 나왔다. 훌쩍거리면서 교장 선생님을 만날 수는 없어 약국에 가서 콧물 감기약을 사 먹었다.

운전 도중 자꾸 잠이 왔다. 혼자라 차 안이 너무 조용해서 그러려니 하고 음악을 틀었다. 노래를 따라 불렀다. 그래도 자꾸 잠이 오는 것이었다. 한적한 곳에 차를 세우고 맨손체조도 했다.

얼마쯤 시간이 흘렀을까. 잠시 '타다닥' 소리가 나기에 눈을 떴다. 요즘은 웬만한 시골길도 도로포장이 되었지만 그때는 자갈이 뒹구는 흙길이었다. 내가 잠을 자면서 운전을 하였던 모양이었다. 순간 온몸에 소름이 돋는가 싶었을 때 차가 '가로'로 가다가 좁은 도랑에 '세로'로 빠져 버렸다. 말도 안 되는 우스꽝스러운 모양새가 되었다. 나중에 알았지만 콧물 감기약에는 수면제가 많이 들어 있다고 한다.

다행히 몸은 한 군데도 안 다쳤으나 차에서 빠져나올 수가 없었다. 도랑 옆 비닐하우스에서 할아버지가 다가오시며 "쯧쯧쯧, 조상이 돌보았네. 이 전봇대에 부딪쳤으면 바로 즉사하였을 텐데 쯧쯧쯧…." 하시었다. 운전도 제대로 못 하면서 차를 끌고 다닌다고 나무라시는 것 같았다.

심신은 멀쩡한지라 앞을 보니 굵은 콘크리트 전봇대가 차 바로 앞에 떡하니 있는 게 아닌가. 실로 아찔했다. ㅂ교장 선생님한테 연락을 취하니 레커차와 같이 도착하였다. 우리가 공부할 장소를 둘러본 뒤 그 레커차에 내 차를 달고 우리 동네 정비공장으로 왔다. 그랬다. 그 할아버지 말씀대로 조상이 돌보지 않았으면 지금의 나는 없다.

전날, 돌아가신 친정아버지가 우리 집에 웃으며 오시는 꿈을 꾸었다. 어쩌다 한 번씩 아버지가 내 꿈에 나타나신다. 꿈 해몽책을 보면 돌아가신 아버지가 집으로 들어오시는 꿈은 자식을 보호하기 위해서 들른 거라고 하였다. 아버지께 맘속으로 몇 번이나 고맙다고 인사드렸다.

이런 꿈도 꾸었다.

정초에 많은 사람들이 꽃다발을 들고 우리 집으로 몰려왔다. 놀라서 멍하니 서 있는 내게, "창원시장이 되심을 축하드립니다." 하며 인사를 하는 것이 아닌가. 그러다 꿈에서 깨어났다.

아무리 꿈이라지만 어처구니가 없어 그 시간 이후로 혼자 있으면 실실 웃음이 나왔다. 한마디로 같잖아서 나오는 웃음이었다. 꿈 해몽법을 보니 앞으로 아주 좋은 일이 생기겠단다. 그래, 은근히 그 좋은 일이 뭔지 기대를 해보았다.

아니나 다를까 몇 개월 후 놀라운 일이 일어났다. 명예로운 문학상을 한 해에 두 개나 받았던 것이다. 어쨌든 맨날 꿈 생각만 하면서 실실 웃다 보니 좋은 기운이 내게 닿았던 모양이었다.

꿈은 참으로 신기하다. 잠 속에서 사물이 보이고 소리가 들리며 접촉하기도 한다. 그뿐일까. 죽은 사람과 대화도 나눈다. 큰 돌이나 나무토막으로 머리를 맞았는데 상처가 없는 것도 꿈에서만 가능한 일이다. 꾸고 싶은 꿈만 꿀 수는 없을까. 꿈에, 좋아하는 사람들과 오래도록 함께 행복하게 살 수 있다면 얼마나 좋을까. (2019년)

PART 3

장점 찾기

  수필문장의 정수라고 할 수 있는 이태준의 《무서록》을 펼치니 유독 작품 〈발〉이 나의 시선을 와락 끌어당긴다.

  그가 아파서 누워 있을 때 자신의 근처에 왔다 갔다 하는 사람들의 발을 무심코 보다가 상념에 빠져든다. '**그 눈도 코도 없는 다섯 대가리가 한몸에 붙은 것이 성큼성큼 다니는 것은 어찌 보면 처음 만나는 무슨 괴물 같기도 하다**'는 생각에 가닿는 것이다. 발가락을 두고 하는 말이다.

  발가락을 이토록 기발하고 재미있게 묘사하는 그의 신

랄한 관찰력과 표현력이 경탄스럽기만 하다.

발은 사람 몸의 어느 부분보다도 못생겼다고 그는 노골적으로 흉을 보기 시작한다. 몸 가운데 제일 나이 먹어 보인다는 둥, 힘줄이 두드러지고 주름살도 많다는 둥. 심지어 짐승의 발보다도 보기 싫다고 줄곧 비방한다.

그러다 요모조모 흉을 많이 들추어내서 미안했던지 장점을 찾아서 그의 고마움과 노고에 갈채를 보낸다. '언제든지 제일 낮은 곳에서 제일 힘들여 모든 것을 받들고 서며 또 다닌다. 차라리 눈보다 입보다 더 몇 배 고마운 것이 발이다. 돌부리를 차고 어떤 때는 가시나 그루에 찔리고, 찬물에 풀숲에 늘 먼저 들어서며, 뱀에게도 먼저 물리는 것이 저 발이 아닌가!' 하며.

가깝게 지내는 사람의 단점을 들춰내어 흉을 보다가 생각해 보니 장점이 더 많더라고 말하는 듯하다.

사람의 신체 부위 중 어느 한 곳 중요하지 않은 데가 없다. 그런데 우리는 대체로 몸의 가장 밑바닥에서 애쓰는 발을 그리 소중하게 생각하지 않는 것 같다. 우선 손과 발은 대우부터를 달리한다. 반가운 사람을 만나면 손을 내

밀지만 더럽거나 싫은 것을 내칠 때는 발을 사용하지 않은가.

　우리 몸에는 손가락도 열 개, 발가락도 열 개가 있지만 불공평하게 손가락에만 이름을 지어주었다. 첫째 손가락을 엄지 또는 무지라 부른다. 집게손가락의 이름은 검지 또는 식지이고 가운뎃손가락은 중지 또는 장지라 한다. 넷째 손가락은 약지 또는 무명지이며 새끼손가락 이름은 소지이다. 어쨌든 손에는 반지, 팔찌, 시계도 걸어주고 손톱에조차 봉숭아 물, 매니큐어를 발라 예쁘게 치장해 준다.

　반면, 발가락은 이름은커녕 눈길도 제대로 안 준다. 젊은 여성이 발목에 발찌를 걸고 발톱에 페디큐어를 칠하고 있는 모습을 보면 반갑기까지 하다.

　나도 발에 관한 이야기가 있다. 지난겨울이었다. 외출을 끝내고 대문을 막 들어섰을 때다. 마당에 미관상으로 군데군데 놓아둔 납작 돌의 끄트머리를 밟다가 발목이 그만 접질리고 말았다. 지극히 짧은 순간이었다. 결국 다음 날

병원에서 수술을 받아야 했다.

　다친 곳이 발목이다 보니 2주 동안 병원 침대에서만 지냈다. 비로소 발의 소중함을 절실히 느꼈다. 답답하고 무료하여 한 일이란 발과 관련 있는 책을 찾아 읽는 것뿐이었다.

　인체는 약 206개의 뼈로 구성되어 있는데 그중 양쪽 발에 52개의 뼈가 있다고 한다. 그러니까 몸 전체 뼈의 4분의 1을 차지하는 셈이다. 뿐만 아니다. 발에는 몸에서 가장 굵고 강한 근육이 발달되어 있다 한다. 몸의 2%밖에 되지 않는 발바닥 면적으로 나머지 98%를 지탱하면서 인간의 직립 보행을 가능하게 한다고 쓰여 있었다. 또한 우리 몸의 가장 밑바닥에서 혈액을 펌프질해 다시 심장으로 돌려보내는 역할을 한다는 것이다. 그래서 '제2의 심장'이라고 불린다는 것도 알았다.

　내 발을 만져본다. 생각해 보면 정말 고마운 발이다. 젊은 날, 뾰족구두를 자주 신어서 피곤하게 하였던 일을 떠올리니 새삼 미안한 마음이 든다. 그뿐일까. 내 욕심만 부려 무거운 걸 많이 들었을 때 얼마나 힘들었을까. 살고 싶지 않다며 머리가 시키는 대로 강물을 향해 내달리려 했을 때 잘 참고 견디게 해준 것도 발이었다. 그래 요즘은 발을 씻을 때마다 부드럽게 어루만지며 다정한 눈빛을 보내곤 한다. 몸무게를 줄이는 것도 발을 위한 방법 중의 하나일 것 같아 노력하고 있다.

 나쁜 글은 별것도 아닌 내용을 어려운 말로 치장한다. 반면 좋은 글은 심오한 내용을 쉬운 말로 표현하는 것이다.

 이태준의 작품 〈발〉은 글의 길이는 비록 짧지만 수필의 요건은 다 갖추었다. 그의 문장은 대체로 어렵지 않기에 술술 잘 읽힌다. 어렴풋하게 쓰지 않아서 이해가 잘 된다. 단도직입적으로 사실을 투명하게 드러내므로 속이 다 시원해진다. 수필의 소재는 '발'처럼 우리 주변에 무궁무진하다는 것도 넌지시 알려준다. 정작 발은 단점보다는 장점이 훨씬 더 많더라는 걸 강조하고 싶어 한다. 독자들에게 주변의 모든 것에 섣불리 실망하기보다는 좋은 부분을 찾아내어 고마워하라는 메시지를 보내준다.

  가난과 외로움으로부터 벗어나려고 문학으로 빠져들었다는 한국 근대문학의 명문장가 이태준! 그를 지칭하는 수식어는 그뿐만 아니다. '한국 단편소설의 완성자' '조선의 모파상' '문장의 일인자' '마음을 닦듯이 문장을 갈고닦아 삶을 그려 보이고자 했던 작가' 등 이루 헤아릴 수 없을 정도다.

  오늘은 촉촉이 비님이 오시기에 마주 앉아 그에게서 정겨운 얘기를 듣는 듯 그의 글을 읽는다.

(2020년)

PART 3

그 여인은 어디로 갔을까
— 영화 〈시詩〉를 보았다

　이창동 감독의 영화 〈시詩〉는 배우 윤정희가 주인공으로 나온다. 자신이 찍은 영화 320여 편 중에서 최고의 인생작으로 꼽은 작품이라고 한다. 그녀의 남편인 피아니스트 백건우가 '하늘에서 축복받은 영화'라고 했다는 이야기도 있다. 2010년도에 찍었으니 이제는 극장에서 볼 수가 없다. 젊은 날, 내가 좋아하던 여배우 윤정희! 그녀를 보기 위해 극장에 자주 가곤 했었다.

　바쁘게 살다 보니 영화 〈시〉를 놓쳐버려 아쉬워하던 중,

아들이 티브이로 볼 수 있게 해 주었다.

첫 장면과 끝 장면엔 흘러가는 강물을 보여준다. 영화가 시작되면서 강물에 소녀의 시체가 떠내려오는 게 보이지만 마지막 장면에는 그냥 무심히 흐르는 강물뿐이다. 그러나 영화를 본 사람이라면 보이지는 않으나 그 물속에 윤정희가 들어 있다는 걸 눈치챘을 것이다.

66세 미자(윤정희)는 이혼한 딸이 떠맡긴 중학생 외손자와 생활보호대상자로 힘겹게 생활하고 있다. 중풍에 걸려 거동이 불편한 노인(김희라)을 목욕시켜 주고는 일당 몇 푼을 받으며 살아간다. 그런 악조건 속에서도 동네 문화원에서 시 강좌가 있다는 걸 알고 수강 신청을 한다. 할머니답지 않게 감수성이 예민하고 순수한 그녀는 예쁜 모습으로 시상詩想을 찾아다니며 시를 쓴다. 그 모습이 해맑은 소녀 같다.

그러다 외손자가 다른 다섯 명과 함께 한 여중생을 윤간했다는 사실을 알고는 비통해한다. 가난하게 살고 있는 자살한 여학생 어머니한테 사고를 친 여섯 명이 각 5백만 원씩 모아 갖다 주기로 한다. 5백만 원! 그녀로선 얼마나 큰돈이던가.

매일 목욕시켜 주던 그 노인이 어느 날 비아그라를 먹고 욕정을 품고는 미자한테 달려들었다. 놀란 미자는 몸을 닦아주던 수건을 노인한테 집어던지고 일을 이미 그만둔 터였다.

미자는 생각을 바꾼다. 너무나 절박한지라 다시 그 일을 하겠다며 찾아간다. 이번에는 자신이 노인에게 비아그라를 먹인다. 그리곤 잠시 후 우리는 두 노인의 애처로운 정사 장면에 시선을 보내게 된다.

내가 깜짝 놀란 건, 윤정희가 허리 위를 그대로 노출시켰다는 점이다. 젊은 시절엔 대역을 썼다는데…. 윤정희의 나신을 처음 보았다. 도저히 66세 할머니 몸 같지 않았다. 피부가 뽀얀 데다 탄력적이며 어깨선이 고왔다. 작지만 봉긋한 가슴을 보여 줄 땐 내가 다 흥분되었다. 남편 백건우가, 허리 위로만 노출시키되 허리 밑으로는 절대로 안 된다고 하였다 한다.

다음 날 미자가 노인을 찾아간다. 무슨 중요한 날이었는지 많은 가족이 모여 있다. 어린 손자들이 온 집안을 뛰어다니며 놀기에 대화를 나눌 수 없는 상황인지라 메모지에 글을 쓴다. 뜬금없이, "5백만 원만 주세요. 부탁입니다." 노인도 메모지에 답장한다. "왜, 무엇 때문에?" "이유는 묻지 말고 빨리요. 주실래요, 안 주실래요?" "협박하나?"
 전 회장이었던 부자 노인은 미자가 은근히 협박하는 터라 가족들한테 망신당할까 봐 5백만 원을 내놓는다.
 미자는, 죽은 소녀한테 조금도 죄의식을 못 느끼는 외손자를 같이 시 공부하는 형사한테 조용히 넘긴다. 그 후로 우리는 더이상 그녀를 볼 수가 없다. 그 여인은 어디로 갔을까.
 영화가 끝나자 내 가슴속에 애달픔이 한가득 쌓여 침을 삼킬 수가 없었다. 소리 없이 흘러내리는 눈물을 손등으로 연신 닦으며 가슴을 쓸어내려야만 했다.
 사람들의 살아가는 방식은 제각각이다. 미자의 삶은 비록 고달팠지만 남에게 해를 끼치거나 양심에 꺼릴 만한 일은 하지 않고 살았다. 그 상황에도 문학소녀가 되어 숨을 멈춘 그 여중생에게 시詩 한 편을 지어 바치고 뒤따라간 것이다.

이 영화로 윤정희는 칸 영화제에서 레드 카펫을 밟으며 LA비평가협회상 여우주연상을 받았다 한다.

그런데, 최근에 매스컴을 통하여 안타까운 소식을 접하고는 가슴이 쿵- 내려앉는다. 한국 영화사에 큰 획을 그은 아름다운 여배우 윤정희가 10년째 알츠하이머를 앓고 있다는 것이다. 자신의 딸도 못 알아볼 정도라고 하니 가슴이 그저 먹먹해질 뿐이다. 그녀의 남편인 세계적인 피아니스트 백건우가 기자와 인터뷰한 기사가 가슴을 친다.

"처음부터 이창동 감독이 아내를 염두에 두고 시나리오를 썼어요. 극 중 이름도 아내의 본명인 '미자'를 썼으니까요. 시나리오 집필 중에는 몰랐겠지만 아마 촬영을 하면서는 이 감독도 눈치챘을 겁니다. 좋은 감독에, 좋은 영화로 배우로서의 마침표를 찍을 수 있었다는 사실을 고맙게 생각합니다."

(2021년)

PART 3

행복한 기분

　요즘, 가슴 따뜻한 사람들을 만나 눈 맞춤하면서 이야기 나누고 싶은데 그럴 수가 없어 애가 탄다. 불청객 코로나19가 많은 사람들을 오래도록 힘들게 하고 있어서다. 자신을 위해서, 모두를 위해서, 하여튼 사람을 만나서는 안 된다고 한다.
　오도카니 서서 창밖 건넛산에 눈길을 보내자 문득 많은 사람들이 함께하고 있는 명화 한 편이 생각난다. 라파엘로의 그림 〈아테네 학당〉이다.

라파엘로의 작품 〈아테네 학당〉

 책장에서 마른 풀 같은 내 가슴을 촉촉이 적셔줄 그의 그림책을 찾는다.
 37세에 요절한 라파엘로는 레오나르도 다 빈치, 미켈란젤로와 더불어 이탈리아 르네상스를 꽃피운 화가이다. 대체로 우아하고 고상한 라파엘로의 작품들을 보면서 그의 매력에 빠져든다.

　교황 율리우스 2세의 명으로 라파엘로는 바티칸 궁에 대형 벽화를 그리게 된다. 궁리 끝에 작고作故, 현존現存 상관없이 좋아하는 사람들을 자신의 그림 속에 한데 불러 모은 것이다. 대단한 발상이었다. 학문의 중심인물인 그들은 한 사람도 거절하지 않고 그림 속으로 쏙쏙 들어왔다. 모두 54명이었다. 플라톤과 그의 제자 아리스토텔레스를 비롯하여 피타고라스, 아르키메데스, 디오게네스 등이었다. 학문의 큰 기초를 만든 천재들을 초대한 것이다. 과연 르네상스의 대표 예술가다웠다.

　그림만 볼 때는 그들이 누군지 알 수 없지만 작품해설가는 소상하게 설명한다. 커다란 그림 속의 가운데 있는 사람이 미켈란젤로라는 것이다. 그는 동시대의 미켈란젤로를 경쟁 상대로 생각하였다는데 그것도 중심부에 그려 넣었다는 점이 흥미롭다. 선의의 라이벌로 생각하였을까. 아니면 그를 르네상스 전성기의 최고 예술가로 인정한다는 뜻일까. 어쨌든 그의 푸근한 마음씨에 내 가슴이 다 훈훈해진다.

다시 한번 그림을 찬찬히 들여다본다. 화가, 문학가, 철학자, 과학자, 수학자, 천문학자들이어서인지 다들 자태가 예사롭지 않다. 순편한 자세로 책을 읽는 이의 모습이 보인다. 심각한 표정으로 글을 쓰는 사람도 눈에 들어온다. 진지하게 토론을 하는 사람들, 턱을 괴고 깊은 사색에 잠긴 사람을 찾기도 어렵지 않다. 무게감 있는 등장인물들이 나름대로 자연스럽게 포즈를 취하고 있다. 많은 등장인물에도 불구하고 산만하지 않고 안정된 느낌이다.

바라보는 것만으로도 마음이 편안해진다. 그러다 생뚱맞은 상상도 해 본다. 아무도 안 볼 때 혹여 그들이 그림 속에서 살아나 움직이며 서로 대화를 나누는 건 아닐까 하고.

그림물감을 강렬한 원색을 쓰지 않아서인지 한참을 들여다보아도 눈이 편안하다. 언젠가 기회가 되면 바티칸 박물관에 있는 원본을 직접 보고 싶다.

내가 이 작품을 오래 기억하는 것은 역사적으로 대단한

위인들이 한자리에 다 모여 있다는 점이다. 이런 기발한 착상으로 탄생된 그림은 난생처음 보았다. 볼수록 그저 놀랍기만 하다.

오늘같이 괜스레 쓸쓸해지면 나도 라파엘로처럼 평소에 좋아하는 사람들을 한자리에 초대하고 싶다.

빛깔 곱고 향기로운 차를 나눠 마시거나 정이 철철 넘치듯 거품이 넘쳐나는 맥주잔을 부딪쳐도 좋으리라. 이왕이면 부드러운 금잔디가 깔린 널따란 마당이면 좋겠다. 시간이 지나 그 자리에서 밤하늘에 총총 박힌 빛나는 별들을 같이 바라볼 수 있을 테니까.

그들은 〈아테네 학당〉 그림 속처럼 모두가 천재나 위인은 아니다. 대신 가슴이 따뜻하고 너그러운 마음씨를 지녔으며 눈빛이 그윽한 사람들이다. 정의롭고 믿음이 가며 나직한 목소리로 밝고 희망적인 대화를 이어갈 줄 아는 사람들이다.

눈을 감고 초대할 사람들을 하나둘 떠올려 본다.

어떤 자리에서도 자신은 돌보지 않고 오로지 남을 먼저

챙기는 착한 ㄱ 님이 생각난다. 남에게 좋은 일이 생겼을 때 자신의 일처럼 기뻐하며 언제나 긍정적인 자세로 주변을 밝히던 ㅎ 님도 떠오른다. 또 내가 힘들어할 때 쏜살같이 달려와서 말없이 안아주던 그 사람을 어찌 잊을 수 있을까. 중요한 일을 나한테 맡기고는 뒤에서 조용히 도와주던 그 사람의 따뜻한 눈빛과 마음씨도 그립다.

라파엘로가 경쟁 상대인 미켈란젤로를 그림 속에 초대하듯, 내게 상처를 주었던 사람도 불러야겠다. 한때나마 그와의 좋았던 추억이 아직 내 가슴속에 남아 있는 것 같아서다.

곰곰 생각해 보니 초대할 사람이 열 명 아니 스무 명도 넘지 싶다. 이토록 좋은 사람들이 내 주변에 많다 싶으니 가슴이 벅차오른다. 그날은 내 일생일대 최고의 행복한 날이 될 것 같다. 작품 〈아테네 학당〉 같은 그림이 아니라 한자리에 모인 사람들과 함께 사진을 크게 찍어서 두고두고 볼 것이다. 빨리 그 행복한 기분에 흠뻑 젖어보고 싶다.

(2020년)

PART 3

불면의 밤

　벌써 이틀째다. 언제 어디서나 '자야지' 마음먹으면 금세 잠에 빠져드는 내게도 드디어 불면증이 찾아오는 것인가. 정말이지 불면증만큼은 나와 무관할 줄 알았다.
　어젯밤에는 잠이 안 와서 밤새도록 집안 곳곳을 다니며 뭔가를 하곤 했다. 바쁜 핑계로 엄두를 못 내던 일도 척척 하였다. 내용물이 이리저리 얽혀 있는 서랍장 속도 깔끔하게 해 두고 옷장을 열어서 옷 정리도 하였다. 바쁘다며 저만치 밀쳐둔 책도 챙겨 와서 읽었다. 한밤중이라 조

명이 훨씬 더 밝아서 책 읽기에 더없이 좋았다. 흘깃 쳐다보니 벽시계도 나처럼 자지 않고 부지런히 움직이고 있었다. 시계한테도 불면증이 찾아왔을까. 어느 정도 몸을 움직였다 싶으니 조용히 음악 감상을 하고 싶었다.

낮이면 "꿀사과 사이소~." "싱싱한 물오징어 사이소~." 하며 수시로 집 근처를 지나는 트럭 때문에 그 소리와 음악 소리를 섞어서 듣기 일쑤였다. 가족이, 이웃이 깰까 봐 조심조심 조용조용히 음악을 틀었다. 감미로웠다. 하도 좋아서 가슴이 설레며 눈물이 다 나왔다.

어언 새벽 네 시다. 발뒤꿈치를 들고 대문 밑에 와 있는 조간신문을 챙겨 들고 와서 펼쳤다. 문화면에 내가 아는 사람이 보여서 반가웠다. 첫 장부터 거의 다 읽었다. 모두들 자고 있을 시간에 내가 새 소식을 먼저 알게 된다 싶으니 기분이 상쾌해진다.

어느새 내가 일어나려고 맞춰둔 시간이 되니 휴대폰에서 음악 소리가 났다. 그마저도 경쾌하게 들렸다. 24시간 내내 계속 몸과 마음을 움직였다 싶으니 갑자기 '시간 부자'가 된 듯 뿌듯하였다. 마치 '시간 보너스'를 받은 기분이었다.

낮시간을 바쁘게 보내고, 밤이 되자 잠을 자기 위해 불을 끄고 침대에 누웠다. 온 세상이 까맣다. 이러다 시간이 게으름을 피거나 깜빡 잊고 멈춘다면 까만 나라가 될 것 같다. 억지로 눈을 감아 본다. 눈을 떴을 때는 눈이 활발하게 움직였으나 이제는 머리가 바쁘다. 지난 일들이 불쑥불쑥 생각나고 다가올 날을 미리 걱정한다.

불을 켰다. 눈앞에 바로 보이는 건 천장이다. 아무 무늬도 없는 하얀색이다. 내 유년 시절의 우리 집 천장은 이방 연속무늬거나 사방 연속무늬가 그려져 있었다. 그 화려한 무늬 속에서 숨은 그림 찾듯 나름대로 뭔가를 찾아내면 재미있었다. 토끼도 찾아냈고 사람의 웃는 얼굴도 찾았다. 그러다 스르르 잠이 들곤 하면 어머니가 불을 꺼주시곤 했다.

옆으로 돌아누웠다. 벽지도 천장과 같이 하얀색에 아무 무늬도 없다. 답답해서 그냥 몸을 벌떡 일으켰다. 거울을 보니 눈빛이 초롱초롱하다.

　벽에 걸려 있는 그림들을 바라본다. 다섯 마리의 잉어가 물속에서 자유롭게 유영하고 있다. 가까이 가서 들여다본다. 잉어의 눈빛도 내 눈처럼 또랑또랑하다. 어찌 보면 저 물고기들이 불쌍하다는 생각이 든다. 화가가 물고기들에게 평생 잠을 자지 못하게 한 것 같다. 옆모습이거나 뒷모습을 그렸다면 그 물고기들은 슬몃 눈을 감고 잠을 잘 수도 있지 않을까 생각해 본다.

　다른 벽면에 걸린 그림은 산수화다. 바닷가에 올올하게 솟아 있는 기암괴석이 있고 그 위에 작은 나무 몇 그루가 씩씩한 모습이다. 저 멀리 돛단배가 보이는가 하면 작은 집 한 채가 눈에 들어온다. 평화롭다. 저 집 마루에 누우면 금시에 잠이 올 것 같다.

　그러고 보면 내게 찾아온 불면증은 별인 것 같다.

　평소에 모임에서 누군가가, 오후에 커피를 마시면 잠을 못 잔다며 다른 마실 거리를 찾는 것이었다. 그럴 때 가만히 있거나 하지, 나는 하루에 커피 몇 잔을 마셔도 눈만 감으면 잠이 온다고 했다.

불면증을 호소하는 사람한테도 "나는 지금이라도 눈만 감으면 잠이 오는데…." 하곤 하였다. 그 말을 들었던 사람이 속으로 얼마나 내가 미웠을까 싶어지니 얼굴이 화끈거린다. 몇 년 아니 몇십 년째 불면증 때문에 수면제를 복용하고 있다는 사람이 이제야 안쓰럽다는 걸 진심으로 느낀다.

남한테 미움받을 소리를 한 죄로 나도 이제 불면증 환자가 되는 건 아닐까 걱정이다.

(2021년)

PART 3

비와 눈물

　책 한 권 분량의 원고 교정을 보고 나니 피로가 훅 달려들면서 온몸을 친친 휘감는 것이다. 힘들었을 머리와 눈을 쉬게 해 줄 요량으로 나만의 은밀한 안식처가 있는 낙동강을 찾았다.

　차에서 내려 한 발짝 두 발짝 옮기던 중 나도 모르게 흠칫 놀라고 만다. 멀찍이 앞서 걷던 어느 여인이 강가에 당도하는가 싶더니 냅다 퍼질러 앉는 것이었다. 그리곤 삽시간에 꺼이꺼이 소리를 내며 우는 것이다. 참았던 울분을 죄다 토해낼 심산인 모양이다. 일순에 울음소리가 점차 고조되어 간다. 가슴속의 슬픈 기가 다 빠져나가도록 울고 있다. 흡사 장례식장 분위기다.

뒤따르던 나는 그 여인의 울음 소용돌이에 휩쓸려 금시에 울상이 된다. 몹시 당황한 탓에 대체 어찌할 바를 모르고 우두커니 섰다. 나의 목적 따위는 잊고 오직, 여인이 저러다 혹여 강물로 들어가는 게 아닐까 하는 생각뿐이었다.

얼추 삼사십 대로 보이는 여인은 무슨 연유로 저토록 오열을 터뜨리는 것일까. 살아오면서 울고 싶었던 순간들을 가슴속에 쟁여놓았다가 한꺼번에 다 쏟아내는 듯하다.

얼마 전 티브이에서 문제를 내고 답을 맞히는 프로그램을 잠시 본 적 있다. 남자들이 대체로 여자들보다 더 오래 살지 못하는 이유가 문제로 나왔다. 나도 한번 알아맞히려고 고개를 갸웃거리고 있는데 답이 나왔다. 여자들에 비해 잘 울지 않는다는 것이었다. '남자니까' '약한 모습 보이기 싫어서' 하고 참기 때문이란다. 하긴 영화 속에서 남자가 비를 맞으며 우는 것을 본 적 있다. 책에서는 남자가 샤워하면서 울기도 하였다. 그 분야의 전문가는, 울고 싶을 때 눈물을 펑펑 쏟으며 실컷 우는 것이 건강에 좋다고 하였다. 그럴 수도 있겠다 싶어 나도 모르게 고개를 주억거렸다. 그렇게 울고 나면 속이 후련해지겠다 싶었다.

나는 부모님이 돌아가셨을 때 외는 대성통곡을 한 적이 없다. 부모님 중 아버지가 먼저 돌아가셨는데 내가 유달리 많이 울었던 것 같다. 세월이 흐른 뒤, 형제들이 나를 보고 '곡 기계'라고 놀리기까지 하였다. 통곡을 제대로 했던 모양이었다.

살아가면서 왜 울고 싶은 날이 없었을까마는 그저 참았다. 속으로 울음을 삼키기만 하였다. 가깝게 지내던 사람한테서 배신을 당했을 때 큰 소리로 울고 싶었다. 하지만 도니체티의 오페라 〈사랑의 묘약〉 중에 '남몰래 흐르는 눈물'처럼 남모르게 조용히 눈물만 흘렸다. 울 수 있는 마땅한 장소가 없기도 했다. 어떤 때는 남의 장례식장에 가서 마음껏 울고 올까 했던 적도 있었다. 그렇게 참고 지내자

가슴이 몹시 쓰라리고 아팠다. 병원에서는 위 사진을 찍더니 내게 보여주었다. 나의 건강한 위가 발갛게 변해 있었다. 스트레스가 쌓여서 그렇다 하였다. 그 뒤로 한동안 외출을 줄이면서 사람들을 만나지 않았다.

오전까지 화창했는데 느닷없이 흘레바람이 불더니 비가 한두 방울씩 떨어지기 시작한다. 여인이 너무도 안쓰러워서 하늘이 같이 울어주는 것일까. 나는 양산 겸 우산이 있지만 여인은 꼼짝 않고 계속 울기만 할 뿐이다. 나도 그녀와 한통속이 되어 가슴속에 쟁여 있는 것 모조리 꺼내버리고 싶다는 생각이 들었다.

평소엔 물고기들이 공중 부양도 잘도 하더니 오늘은 강물도 당황했는지 여인의 눈치를 보는 듯하다.

시간이 제법 흘렀다. 여인은 가슴속의 울음보를 다 터뜨렸는지 빗줄기가 점차 굵어져서인지 자리를 털고 슬슬 일어난다. 처음과는 사뭇 다른 자태다. 다소곳하고 차분해 보인다. 그리고 보니 꽤 미인이다.

그런데 참 이상한 일도 다 있다. 여인이 떠나고 난 뒤 내 몸이 갑자기 가벼워진 듯하였다. 뿐만 아니다. 마음도 가뿐해진 느낌이었다. 그 여인이 내 울음보까지 대신 터뜨려준 것 같다. 그러니까 대리만족을 한 셈이랄까.

　우리는 천년만년 살 것이 아니기에 생을 마감하는 날까지 울음보다는 웃음이 많았으면 좋겠다. 내가 울고 싶지 않으면 남을 울게 해서는 안 될 것이다. 내가 웃는 게 좋다면 남을 웃게 해 주어야 한다. 모든 사람들의 울음을 웃음으로 쉽게 바꿀 수 있는 묘책은 없을까.

　눈물은 자주 찔끔거리기보다 이렇듯 화끈하게 몸 밖으로 내보내야 건강에 좋다는 걸 알게 되었다. 그 여인이 지혜롭다는 것을 느꼈다. 항시 편안한 나만의 쉼터가 때로는 이리 한바탕 울기 좋은 장소라는 것도 알았다.

　빗줄기가 차츰 굵어져서 나도 귀가를 서둘렀다.

(2018년)

PART 3

문학의 산실에 가다

　어젯밤 꿈에 소나무 편백나무 졸참나무들이 무성한 숲속에서 기분이 좋았는지 자꾸 웃었다.
　꿈에서 깨자마자 거울을 들여다보니 아직도 내 입꼬리가 살짝 올라가 있다. 그곳이 어딜까 생각해 보았다. 그러자 작년 오월, 문우들과 아름다운 둘레길 걷기 행사로 갔었던 '다솔사'가 떠오르는 것이다. 자상한 어머니 품에 안겨 있는 듯한 다솔사는 주변이 온통 초록색이었다. 문득 다시 가고 싶다는 생각이 불쑥 들었다.

모처럼 혼자 호젓이 다녀오려고 외출 준비를 하려는데 전화벨이 울린다. 친구 ㅅ이다. 자신의 집 가까이에 예쁜 둘레길이 있다며 김밥을 싸서 같이 가잔다. 달콤한 유혹에 빠져들고는 싶지만 사실 지금 다솔사에 가려던 참이라고 털어놓는다. 순간, 경쾌한 목소리가 다시 잽싸게 건너온다. 같이 가고 싶다고 한다. 혼자 하는 여행도 운치 있지만 때론 마음 맞는 벗님과 함께해도 좋지 싶다.

경남 사천시 곤명면 봉명산 자락에 있는 다솔사는 경상남도 유형문화재 제83호이다. 대한불교조계종 제14교구 본사 범어사의 말사이다. 503년(신라 지증왕 4)에 연기 조사가 창건하여 영악사라 불렀다. 그러다 636년(선덕여왕 5)에 다솔사로 개칭하였다고 전해진다. 다솔사는 차 문화의 성지로 1만여 평의 차밭도 있다.

잘생긴 나무들의 사열을 받으면서부터 우리는 이내 청정한 기운, 안온한 분위기에 젖어 들었다.

특이한 점은 사찰의 대문 역할을 하는 일주문一柱門과 천왕문天王門이 없다는 것이다. 고개를 갸웃대며 그리 가

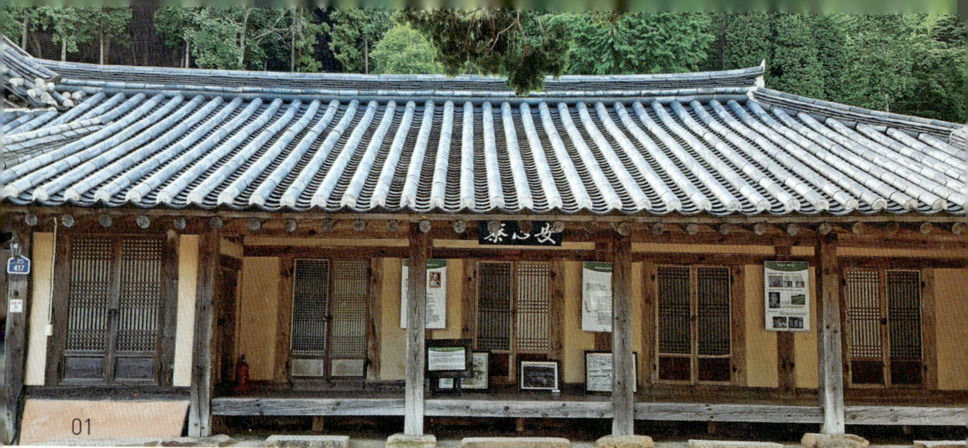
01

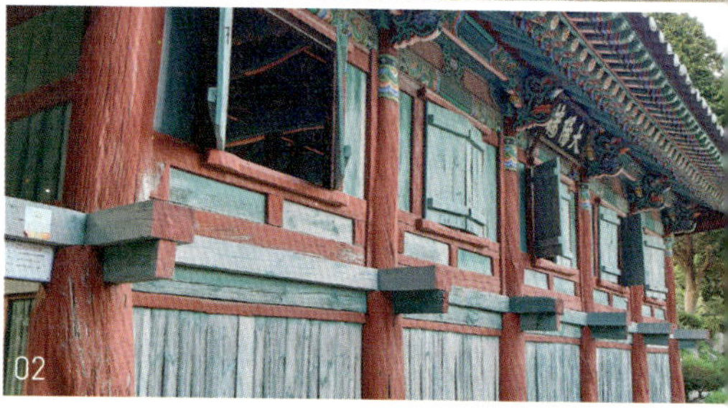
02

01 만해 한용운이 '독립선언서' 초안을 작성한 곳
'안심료安心寮'
02 신도들에게 설법을 하거나 불구佛具를 보관하는 대양루
03 와불상
04 대양루
05 다솔사 입구

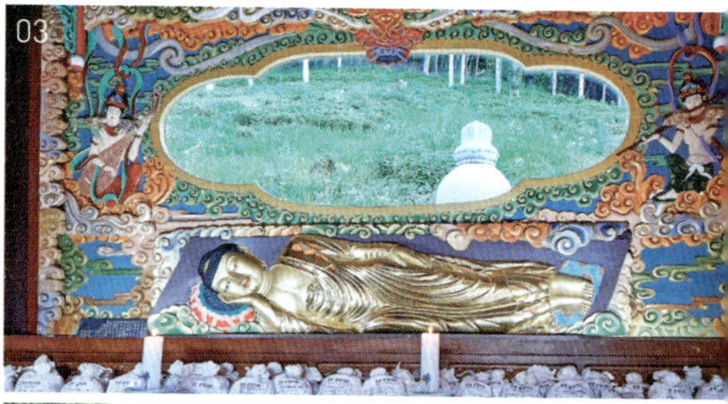
03

04

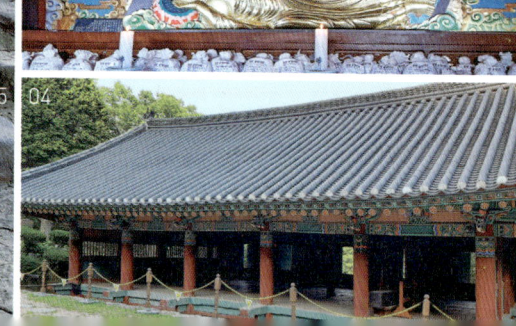

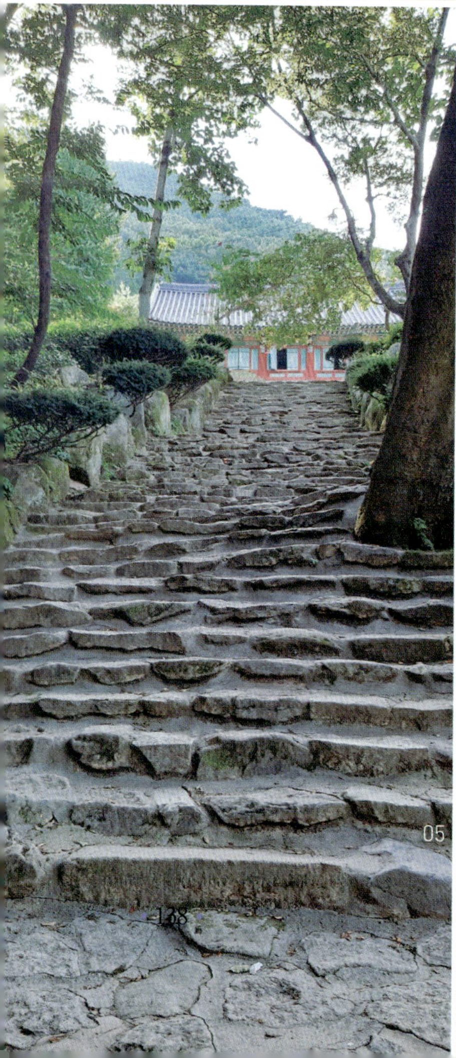
05

파르지 않은 돌계단을 오르자 제일 먼저 '대양루'를 만난다. 대양루大陽樓는 신도들에게 설법을 하거나 불구佛具를 보관하는 곳이라 한다. 현존하는 건물 중 가장 오래되었다는 이유 때문인지 비록 낡았지만 위풍당당해 보인다. 사람도 대양루처럼 나이가 많을수록 대접을 받으면 얼마나 좋을까 생각해 본다.

대웅전은 보이지 않고 대웅전인 듯싶은 건물에 '적멸보궁'이라는 편액이 걸려 있다. 나는 무신론자여서 불심이 대단한 친구한테 전화로 물었더니 막힘없이 술술 대답해 준다.

'대웅전'은 불교 선종 계통의 절에서 본존불상本尊佛像을 모신 법당이란다. '비로전'은 비로자나불을 모신 법당이며 '적멸보궁'은 석가모니불의 진신사리를 봉안한 사찰 당우 가운데 하나라고 알려준다.

1978년 2월, 다솔사의 대웅전 개금불사改金佛事 때이다. 후불탱화 속에서 부처님 진신사리 108과가 발견되었다 한다. 그래서 대웅전 편액을 떼어내고 '적멸보궁寂滅保宮' 편액을 걸었다고 전해진다.

　놀라운 사실은 그뿐만이 아니었다. 불전에는 따로 불상을 봉안하지 않고 불단만 있었다. 그림인 듯 사진인 듯한 와불상臥佛像이 있었던 것이다. 또 놀랐다. 그 너머로 바깥이 훤히 내다보이게 벽을 뚫어놓았다. 조용히 그곳으로 발길을 옮겼다. 승려 자장慈藏이 당나라에서 가져온 석가모니의 사리와 정골을 모신 사리탑의 위용은 장엄했다.

　'극락전' '응진전'을 잠시 둘러본 뒤 아담한 단층의 요사寮舍인 '안심료'로 발걸음을 재촉했다. 진작 찾아보고 싶은 장소이기 때문이다.

　안심료安心寮에서 만해 한용운이 12년간 은거하였다 한다. 그곳에서 항일비밀결사단체인 '만당卍黨'을 조직했으며 '독립선언서'의 초안을 작성하였다고 알려져 있다. 김동리는, 한용운과 김범부가 나누는 '분신공'을 한 승려 이야기를 듣고 단편 〈등신불等身佛〉을 집필한 것이다. 1961년도 《사상계》에 발표되면서 티브이 프로그램인 'TV문학관'에서도 소개되었다.

나는 책도 읽었고 영화도 보았지만 감명은 달랐다. 소설 속의 등신불은 작가가 장면마다 적절하게 잘 묘사했으나 왠지 엄숙한 모습만 상상될 뿐이었다. 영화로 배우들이 혼신을 다해 열연하는 장면은 놀라웠다. 특히 등신불을 만드는 광경을 볼 때는 전율과 경악을 금치 못하였다.

대부분은 고승의 시신에 금박을 입히는 식으로 제작된다고 한다. 일부러 방부 처리를 하는 게 아니라 자연적으로 미라화한 시신을 쓴다는 것이다. 사람이 죽으면 당연히 썩기 마련이다. 썩지 않고 미라화했다는 것은 그 정도로 법력이 강한 스님이었다는 뜻이리라.

〈등신불〉은 한국의 대표적인 액자소설이라고 할 수 있다. 소신공양燒身供養으로 성불한 만적이라는 스님의 타다 굳어진 몸에 금불을 입힌 특유한 내력의 불상 이야기이다.

만적은 어린 시절 부친을 여의자 재가하는 어미를 따라간다. 다행히 의부의 자녀들과 우애가 두텁다. 건데 어미가 의부의 재산을 만적의 것으로 만들기 위해 남편을 독

살시킨다. 이를 눈치챈 전처의 소생들은 겁이 나서 집을 나간다. 만적은 그들을 찾아 헤매다가 인간사에 회의를 품고 불가에 입문한다. 그러다 우연히 길거리에서 나병환자가 된 그들을 만나게 된다. 이 비극이 어미의 탐욕으로 인해 비롯된 것임을 알고 어미의 죄를 탕감하고자 자신을 불살라 부처님께 바친 것이다.

 밤늦게 티브이로 영화를 보았던 그날은 잠을 이루지 못했다. 온 세상이 만적으로 인해 감동을 받아서 조용해진 것 같았다.

 많이 담으려고 욕심내면 자루가 찢어진다는 말이 있다. 탐욕은 눈을 어둡게 하는 모양이다. 만적 어미는 작은 욕심 때문에 제게 닥치는 위험을 모르다가 큰 재난을 당한 것이다. 성선설과 성악설을 생각해 보게 하는 철학적인 요소를 다분히 담고 있는 작품이었다. 〈등신불〉은 다솔사에서 탄생하였으나 영화 촬영지는 순천 송광사라고 한다.

 한용운과 김동리의 숨결을 듣고 행동거지를 보며 살을 맞댄 안심료의 마룻바닥을 어루만져 본다. 그들이 그랬듯 앉아도 본다. 요즘 문학의 침체기에서 헤어나지 못하고 있는 나에겐 의미 있는 곳이기 때문이다.

흔히들 다솔사 이름을 두고 소나무가 많기 때문이라고 생각한다. 그러나 다솔의 '솔'은 소나무가 아닌 거느릴 '솔率' 자를 쓴다는 걸 알게 되었다. 이 절의 주산인 봉명산과 많은 산봉우리가 마치 장군이 부하들을 거느리고 있는 듯해서 '다솔多率'이라 한단다.

짧은 시간 동안이었지만 우리는 많은 가르침을 받았다. 차를 타고 오면서 친구의 옆모습을 슬쩍 곁눈질해 보았다. 친구의 눈빛은 아직도 초록색처럼 싱그러웠으며 그윽했다. 나처럼 다솔사의 정기를 눈에 가슴에 슬몃 쟁여놓은 모양이었다.

(2018년)

PART 4

달

2002개의 토우·인격과 문격이 돋보이는 글·자전거를 탄 들국화·안분지족安分知足의 현인賢人·동네 한 바퀴·찬란한 슬픔·예쁜 치매

PART 4

2002개의 토우

　토우는 사람이나 동물 모양 따위를 만든 흙 인형이다. 살아오면서 내가 토우를 직접 본 건 딱 세 번이다. 국립경주박물관에서, 국립중앙박물관에서, 그리고 얼마 전에 갔던 토암공원에서다.
　국립경주박물관에 있는 신라역사관은 총 4개의 전시실로 구성되어 있었다. 그중 신라의 건국과 성장에 관한 자료를 한데 모아놓은 '신라 1실'을 둘러보았을 때다. 흙으로 빚은 토기, 무덤 내부, 갑옷과 투구는 물론 말 갑옷, 말 얼굴 가리개도 있었다. 그때 토우를 처음 보았던 것이다.

토기에 토우가 붙어 있는 것이 신기했다. 항아리의 어깨 부위에, 토기의 뚜껑에 얹혀 있었다. 개구리의 뒷다리를 물고 있는 뱀과 성행위 자세의 남녀 토우도 있었다. 신라금新羅琴을 타고 있는 임부, 성기를 과장되게 노출시키고 있는 남자도 붙여 놓았다. 왜 그릇에다 이런 형태의 토우들을 부착시켰을까. 전시장 안의 가늘고 긴 줄 때문에 학예사 설명을 듣지 못해 아쉬웠다.

언젠가 서울의 국립중앙박물관에 다녀온 적 있다. 이집트 보물전인 미라를 보기 위해서였다.

이집트인에게는 영원한 삶에 대한 믿음이 특별했다. 사람이 죽으면 무덤 안에 육체를 방부 처리한 미라를 넣었다. 사후 세계를 위해서 부장품副葬品과 그 미라를 지켜주기 위해 만든 토용土俑도 함께 묻어주었다. 그러다 기원후 642년, 이집트에 이슬람교가 들어오면서 중단되었다고 한다.

부산 기장읍 봉대산 중턱에 위치한 '토암공원'에 있는

2000여 개의 토우를 보러 갔다. 고즈넉한 산자락에서 편안한 자세로 풀꽃들과 어깨동무하고서 활짝 웃으며 반겨 주었다.

  동물 모양은 없고 그 모두가 사람 형태의 토우였다. 크기는 대체로 비슷해도 하나하나 자세히 들여다보니 표정이 다 달랐다. 기분 좋은 듯 활짝 웃는 모습이 있는가 하면 외롭고 우울해 보이는 형상도 있었다. 토우를 만들 때 작가 선생의 기분과 감정에 따라 생김새가 다를 수밖에 없었을 것이다. 글을 쓸 때 기분이 좋으면 내용이 밝지만 슬프거나 쓸쓸할 때면 축 처져 있는 느낌의 글이 나오는 것처럼.

  우선 눈 모양이 제각각 달랐다. 동그란 눈, 찢어진 눈, 처진 눈, 실눈, 감은 눈, 눈두덩이 퉁퉁 부은 눈, 안경 쓴 눈 등 다양했다. 코도 마찬가지였다. 벌렁코, 납작한 코, 찌그러진 코, 들창코, 눈보다 더 큰 콧구멍 등 그 모습들을 쳐다보니 웃음이 슬몃 나왔다.

댕기머리 총각, 얼굴이 온통 주름투성이인 꼬부랑 할머니 모습의 흙 인형도 재미있는 볼거리였다. 한결같이 우습고 못생긴 모양새지만 그 모두 어질고 정겨운 우리네 이웃의 모습이었다. 흔히들 잘생긴 사람에게 시선이 가지만 토우는 우스꽝스럽고 못난 외모가 더 눈길이 가는 것이었다.

토암공원을 만든 사람은 토암 서타원 선생이시다. 선생은 어렸을 때 할아버지의 풍로 공장에서 활활 타오르는 불꽃에 반해 도예가가 되었다 한다. 신라토기연구소와 타원요를 세우며 전통 토기와 도자기 연구에 전념하였다. 그러다 위암, 식도암에 걸렸으며 토우는 투병생활을 할 때 만들기 시작했다고 한다.

특이한 점은 토우의 얼굴엔 눈 코 입만 있고 귀가 없었다. 토암 선생이 발병했다는 소문이 퍼지자 많은 사람들이 암에 대한 비책을 들고 찾아왔다고 한다. 환자를 홀리는 그 말들이 듣기 싫어서 토우까지도 듣지 말라고 귀 없는 토우를 만들었다고 전해진다.

토우들의 얼굴 생김새는 다 달랐지만 같은 게 있다면 그건 입 모양이었다. 모두들 하나같이 입을 크게 벌리고 있었다.

 토암 선생이 2002개의 토우를 만들게 된 데는 까닭이 있었다 한다. 2002년도에 한일월드컵과 부산아시안게임, 세계합창올림픽의 성공 염원을 기원하기 위해서였다고 한다. 수많은 토우 중 몇몇 토우는 얼굴에 태극기가 그려져 있었다. 몸에 Reds!(붉은 악마) 라고 쓰여 있는 걸 보면 '오! 필승 코리아!'를 외침이 분명했다. 그러고 보니 토우들은 머리도 바닥도 열려 있었다. 빈손으로 왔다가 빈손으로 가는 인생이기에 욕심과 마음을 모두 비우라는 뜻을 담고 있다고 하였다.

 그곳을 나서면서 평상시의 내 모습을 그대로 담은 토우는 어떤 표정과 몸짓일지 궁금해졌다. 지금부터라도 밝고 너그러운 삶을 살아야겠다는 생각이 든다. 훗날 누군가가 내 얼굴 표정을 그대로 닮은 토우를 만들지도 모르겠기에.

(2018년)

부산 기장읍 봉대산에 위치한 토암공원의 토우들

PART 4

인격과 문격이 돋보이는 글
— 피천득의 수필 〈낙서〉를 읽고

    시인이고 영문학자이며 수필가인 피천득(1910~2007)의 작품을 나는 참 좋아한다. 오래전부터 시간이 날 때마다 그의 시집과 수필집을 펼쳐 들곤 한다. 대략 네다섯 번쯤 읽었지 싶다.

    그의 어머니가 서화書畫와 음악에 능했다고 한다. 그래선지 소설가 이광수가 피천득한테 '금아琴兒'라는 호를 지어주었다고 전해진다. 금아는 '거문고를 타고 노는 때 묻지 않은 아이'라는 뜻이란다. 어쩐지 그의 글을 읽으면 '동심' '순수' 같은 낱말이 떠오른다.

  흔히 수필 작품 속에 넌지시 자신을 자랑하는 글을 쓰고는 한다. 좋은 집안, 높은 학력과 지식, 부나 명예 등을 밑바탕에 깔아놓고서. 나는 그런 글을 만나면 고개를 가로저으며 아예 책을 덮어 버린다. 차라리 자신의 실수담이나 자아 성찰하는 내용의 글을 좋아한다. 그런 글을 읽으면 작가한테 친근감을 느낀다. 그 작가와 마주 앉아 따뜻한 차 한 잔 나누고 싶어진다.

  시나 소설 등은 허구가 용납되는지라 작가와 작품이 무관해도 상관없다. 넌픽션인 수필은 허위나 가식 없이 진솔하게 써야 한다. 글이 곧 그 사람이기 때문이다. 그러니 착한 사람은 착한 글을, 졸렬한 사람은 졸렬한 글을 쓸 수밖에 없다.

  피천득의 수필은 대체로 순하고 고운 말들이 주를 이루고 있다. 그의 글은 읽는 이의 마음을 따뜻하게 해 준다. 삶의 모서리에 찔려 힘들어하는 사람들에게 위안을 주는 힘이 있다. 수필 〈낙서〉를 읽노라면 내용이 너무도 순수하여 독서하는 나의 자세조차 진지해지는 것이다.

여태 나는 그의 작품은 많이 보았지만 한 번도 직접 뵌 적은 없다. 그의 영혼이 맑고 깨끗해서 외모 또한 비슷하겠거니 싶었다. 그러다 작품 〈낙서〉를 통해 그의 생김새를 눈치챌 수 있었다.

누구나 반듯한 외모를 갖고 싶어 한다. 키가 크고 날씬하며 잘생긴 얼굴을 원하기 마련이다. 수필 〈낙서〉에서 보면 그의 외모는 아마도 이와 정반대인 모양이다.

워낙 청빈하고 소탈한 성품이어서 늘 후줄근한 차림새라 (친구가) "옷 좀 낫게 입고 다니라." 한다. 작은 키에 구부정한 자세를 보고 (친구가) "가슴을 펴고 배를 내밀고 걸어 보라."고도 한다. "말을 너무 많이 하고 빨리하여 위엄이 없다."고 충고하기도 한다. 또 (친구가) "어린아이같이 웃기를 잘하여 점잖지 않다."고 지적한다.

친구들의 조언이 고마워 이참에 고쳐보기로 했으나 이내 도루묵이 되고 만다.

풀을 빳빳하게 먹인 새 옷을 입으면 머리가 아파온단다.

큰맘 먹고 좋은 옷 사 입으려 하나 원체 작은 체구인지라 몸에 맞는 옷이 없다는 것이다. 작은 몸을 자빠질 듯이 뒤로 젖히고 팔을 저으며 걸어보니 힘들다고 한다. 위엄 있어 보이려고 말을 아꼈더니 가슴이 답답하여 견딜 수가 없다는 데서 웃음이 나왔다. 그러다 (친구가) 점잖지 못하게 잘 웃는 습관 고치라기에 딸 서영이 앞에서 성난 척했다는 대목에서는 내가 다 불안했다. 나는 속으로, '안 돼요, 선생님!' 하고 외쳤다.

아니나 다를까 어린 서영이가 평소에 잘 웃던 아버지의 성난 얼굴을 보자 슬픈 얼굴을 한다. 그로선 이 문제만큼은 보통 일이 아닌 것이다. 서영이는 그가 가장 애지중지하는 딸이 아니던가. 서영이가 수필 속에 자주 등장하기에 무남독녀인 줄 알았는데 위로 두 오빠가 있다고 한다. 그래도 그의 사랑은 단연코 서영이뿐이었다.

딸 서영이를 유달리 예뻐하는 글은 그의 수필 곳곳에서 발견할 수 있다. "내 일생에는 두 여성이 있다. 하나는 나의 엄마고 하나는 서영이다. 서영이는 나의 엄마가 하느님께 부탁하여 내게 보내주신 귀한 선물이다." "나는 책과 같이 보낸 시간보다 서영이와 같이 지낸 시간이 더 길었을 것이다."고도 했다. 더욱이 수필집 《인연》의 서문에 "나에게 글 쓰는 보람을 느끼게 하는 서영이에게 감사한다."라고 썼을 정도다.

점잖게 보이려고 성난 얼굴을 하여 서영이의 마음을 슬프게 한 것은 정말 큰일이 아닐 수 없다. 결국 그는 자신이 정신의 이상이 없다는 것을 알려야 했다. 그래서 하루 종일 어린 서영이하고 구슬치기를 하였다고 회억하고 있다.

그는 자신의 못난 생김새와 습관을 속상해하지 않았다. 이렇듯 수필 〈낙서〉를 통하여 진솔하게 털어놓으며 수필의 진수를 보여주는 것이다.

수필 〈낙서〉는 '인격'과 '문격'이 돋보이는 명수필이다. 한 번 읽고 나서도 다시 또 읽고 싶은 그런 글, 몸에 좋은 비타민 같은 작품이다.

(2020년)

PART 4

자전거를 탄 들국화

오전에 약속이 있어 아침부터 서둘렀다. 출근 시간이라 그런지 도로엔 차들이 모두 제자리걸음이다. 마음속으로 발을 동동 구르며 저절로 손목시계에 가 있는 시선을 막 거둬들이던 참이었다. 순간, 무표정하던 나의 얼굴에 물무늬 번지듯 잔잔히 미소가 피어나기 시작한다.

차창 밖에서 하얀 들국화 한 다발이 웨딩드레스를 입은 신부인 양 천천히 지나가고 있는 게 아닌가. 그리고 이내 자전거 페달을 밟고 있는 은발 할아버지의 모습이 눈에 들어왔다.

 높푸른 하늘 아래의 고즈넉한 산비탈에서 가을바람에 흔들리는 애잔한 모습의 꽃 들국화. 해맑은 그 꽃향내를 맡기 위해 차창을 활짝 열었다. 꽃향기는 이내 나의 코끝을 간질이더니 나의 가슴에, 어깨에 천천히 내려앉는다.

 방금 목욕을 한 듯 함초롬히 물기를 머금은 그 꽃은 자전거를 타고 있었다. 꽃도 사람처럼 표정을 가졌나 보다. 헌 신문지에 둘둘 말려 있으면서도 기분이 좋은지 저들끼리 서로 얼굴을 비비대며 깔깔거리고 있었다. 들국화가 행여 놀랄세라, 다칠세라 조심조심 자전거를 몰고 가는 주인공은 모르긴 해도 여든은 족히 넘어 보였다.

 자전거를 타고 가는 들국화 한 다발은 교통체증이 심한 출근 시간 풍경에서 평범한 그림은 아니었다. 야윈 등만 보여주고 앞서가는 운동복 차림의 그 할아버지가 그렇게 멋져 보일 수가 없었다. 불현듯 나도 자전거를 타고 싶은 충동이 왈칵 솟구쳤다.

 내가 처음으로 자전거를 타기 시작한 것은 중학교 1학

년 때였다. 친구 윤희와 학교 운동장에서 서로 잡아주고 밀어주기를 한 삼십 분쯤 했을까. 우리는 둘 다 운동신경이 발달한 편인지 혼자서도 한 손으로 탈 정도가 되었다. 그때의 짜릿함을 어떤 언어로 표현하랴. 그 시간 이후로 내 머릿속에는 온통 자전거 바퀴들로 가득했다. 꿈속에서도 학교 수업시간에도 파아란 하늘을 머리에 이고 하염없이 달렸다.

초록 이파리들이 갈색으로 하나둘 물들어가기 시작하는 어느 가을날이었다. 우리는 동네에서 제법 떨어져 있는 둑길로 겁도 없이 내달았다. 윤희는 나보다도 자전거 타기를 더 좋아하는 모양이었다. 둑길을 각각 한 바퀴씩 돌기로 미리 약속했으면서 도대체 자전거에서 내려올 줄을 몰랐다. 둑길에 엎드려서 내 차례를 기다리며 동그라미 두 개가 멋지게 굴러가는 모습을 바라볼 때였다. 햇빛 샤워를 하고 있는 냇물이 마치 은박지를 구겨놓은 듯 반짝거려 눈을 제대로 뜰 수가 없었다. 그럴 때면 둑길에 냅다 드러누웠다. 두둥실 흰 구름을 마냥 올려다보다가 저

저 할아버지의 빼곡하게 심어둔 것에는 산에서 묻혀왔을까 시장에서 샀을까 그리고 그 꽃은 무슨 눈에 안기를 빨수있는 외롭ㄹ 품안이 ㄱ.매같이 이야기 비빔밤만 듬성 할아버지의 빼곡빼곡한 것만큼 맘속이랄 담으면 천천히 두발자국 보거 뒤의 장음을 나린다
오늘 들에 나는 할레치 그 손이마는 나는 부순것으로 부터 하얀 빼곡과 하다보면 받다 대파 진한한 향아리에 느리한 것이 바라보면 꽃향기를 한참을 보고 간다. 꼬마집 무는 좋아하는 이만하다
이만도 헤리가셋다면 그는 더욱이 행복한 것이다.

'문전드를 한 벌머화 중에서. 수필·강 현 선. 그림·허 성 혼

쯤에서 소담스럽게 피어 있는 들국화를 망연히 바라보곤 했다.

오늘따라 단발머리 윤희가 더욱 보고 싶어진다. 윤희도 나처럼 자전거를 보면 유년의 시간들을 추억할까.

오래전 북경에 갔을 때이다. 도심 한복판에서 놀라운 광경을 목도하였다. 도로에 홍수처럼 쏟아지는 차량 물결 틈새로 자전거들이 섞여서 질서정연하게 흘러가고 있었다. 차와 자전거의 속도가 거의 비슷해 보였다. 중국 사람들의 느긋하고 여유로운 기질을 체감하는 순간이었다. 핸들만 잡으면 앞차에 조바심의 전파를 보내는 우리나라 사람들과 좋은 대조를 이루는 모습이었다.

할아버지가 자전거 앞자리에 손자를 태우고 동네를 한 바퀴 도는 모습은 흐뭇한 그림이다. 햇빛 좋은 날, 호수를 배경으로 연인들의 자전거 행렬은 영화의 한 장면을 떠올린다.

할아버지의 들국화는 어디서 났을까. 산이나 들에서 꺾었을까. 시장에서 샀을까. 그리고 그 꽃은 누구의 가슴에 안길까. 별스럽게 온갖 궁금증이 구름같이 일어난다. 바쁜 일만 없다면 할아버지의 딸랑딸랑 자전거 벨소리를 들으며 천천히 뒤따라가 보고 싶다.

　오늘 같은 날, 설레는 가슴으로 누군가로부터 하얀 들국화 한 다발을 받고 싶다. 질박한 항아리에 가지런히 꽂아 놓고 바라보며 꽃향기에 취해보고 싶다. 때마침 내가 좋아하는 음악이라도 흘러나온다면 나는 더없이 행복할 것이다.

PART 4

안분지족安分知足의 현인賢人

　이양하의 수필 〈나무〉를 읽노라면 조선시대의 문인화가 남계우가 생각난다. 그는 나비의 특징을 연구하기 위해 유리그릇에 잡아 가두어놓고 정밀한 관찰을 하였다 한다. 뿐이랴. 들판에서 나비를 10리나 따라가면서 그 형태의 변화와 움직임, 색깔을 주시한 일화도 유명하다.

　남계우가 나비를 잘 그리려고 노력했듯 이양하 역시 나무를 세심하게 관찰한 흔적이 역력하다. 아침부터 밤까지, 봄부터 겨울까지 나무의 작은 부분조차 찬찬히 지켜

보았을 것 같다. 그의 집 마당에 나무가 있어 눈만 뜨면 바라보았는지도 모르겠다.

내 유년 시절에 우리 집 마당에도 나무가 있었다. 동실한 주홍빛 알전구가 대롱대롱 달린 감나무를 바라보면 저 금통장을 보는 듯 마음이 든든했다. 집 안에 심으면 부부간에 애정이 더해진다는 자귀나무와 자손이 많아진다는 석류나무도 있었다. 그래선지 부모님은 소문난 잉꼬부부셨고 그 밑에 의좋은 육 남매가 태어났다.

나도 이양하 수필가 못지않게 어린 시절부터 나무를 무척 좋아하였다. 내가 유난히 선호하는 연둣빛과 초록빛을 보여주었고 시원한 그늘을 만들어주었기 때문이다. 평상에 드러누워 저들끼리 소곤거리는 초록 이파리들을 바라보노라면 눈과 마음이 편안해졌다. 가끔 두 팔을 있는 대로 쫘악 펴서 안아보기도 하였다. 귀를 갖다 대고는 조르르 하고 흐르는 물소리를 들으며 나무의 힘찬 생명력을 느끼기도 했다.

수필은 한두 편만 읽어도 글쓴이의 인품을 눈치챌 수 있다. 진솔하게 쓴 글은 바로 그 사람이기 때문이다. 이양하 수필가가 졸렬한 사람이라면 나무를 보았을 때 안 좋은 부분만 눈에 들어올 것이다. 나쁜 점만 찾아내서 험담할 것이다. 그러나 그는 이 수필 속의 나무처럼 덕德을 갖춘 사람임으로 자신처럼 좋은 면만 보일 수밖에 없다.

수필 〈나무〉는 나무를 의인화하여 성품을 예찬한 글이다. 인격을 제대로 갖춘 신사를 떠올리게 한다. 이 글을 읽고 나서 나무 앞에 섰을 때 왠지 고개가 움츠러드는 나 자신을 발견할 수 있었다. "나무는 주어진 분수에 만족할 줄을 안다. 나무로 태어난 것을 탓하지 아니하고 왜 여기 놓이고 저기 놓이지 않았는가를 말하지 아니한다.…(중략)… 소나무는 소나무대로 스스로 만족하고 진달래는 진달래대로 스스로 만족한다."라는 글 내용이 생각났기 때문이다.

유달리 아들을 좋아하셨던 내 부모님의 여섯 자녀 중 차녀로 태어났음에 속상한 마음을 가졌다. 언니 오빠 남동생 여동생 고루 다 있는 나를 부러워하는 친구도 있었건만 철없게도 그 행복은 당연하게 생각했다.

겨울바람이 나무한테 알랑거리며 찾아왔다가 나무의 마음을 휘갈기고 간 것처럼 내게도 그런 친구가 있었다. 한동안 가슴에 긁힌 상처 때문에 아파하면서 그를 오로지 원망만 하였다. 나무는 좋은 친구라 하여 후대厚待하고 상처를 준 친구라 하여 박대薄待하지 않는다. 나무의 그 너그러운 성품에 비하면 나는 속이 옅고 옹졸하기 짝이 없는 형국이었다.
　동물과는 달리 식물은 바람의 힘에 의존하지 않고는 스스로 움직이지 못하는 줄로만 알았다.
　오래전 이야기다. 수련이 너무도 예뻐 식물원에서 세 포기 사 왔다. 새벽에 꽃이 핀다기에 내겐 꿀잠인 새벽잠을 힘겹게 털고 일어났다. 거실에 엎드려서 두 손으로 턱을 괴고 장독 뚜껑에 심어둔 수련에 눈길을 보내다가 화들짝 놀랐다. 지난밤까지 입을 다물고 있던 꽃봉오리들이 슬슬 움직이더니 일제히 활짝 피어나는 것이 아닌가. 마치 합창단원들이 때를 기다려 한꺼번에 입을 여는 모습이라고나 할까. 뿐만 아니었다. 전날 세 포기를 심을 때 줄기가 엉켜 있었는데 어느새 가지런한 모습으로 변해 있었던 것이다. 그 뒤로 거실에 둔 화분 속의 꽃나무들을 찬찬히 쳐다보았다. '그래, 나처럼 저 나무들도 살아 있구나. 비록 말은 할 줄 몰라도 보고 듣고 느끼겠구나.' 싶었다. 그날 이후로 꽃나무 앞에서 옷도 안 갈아입고 말도 조심하다가 이윽고 화분들을 밖으로 내놓았다.

영문학자이며 수필가인 이양하는 〈신록예찬〉 〈페이터의 산문〉 등 좋은 작품을 많이 썼다. 그중 수필 〈나무〉는 한국 현대수필문학사상 중요한 업적으로 지적되고 있다.

화가 '파울 클레'는 "미술은 보이는 것을 표현하는 것이 아니라 보이지 않는 것을 보이게 하는 것이다."라고 했다. 문학도 마찬가지가 아닐까. 수필 〈나무〉가 그러하지 않을까.

이 작품은 나무의 덕德과 성품을 예찬한 글이다. 나처럼 분수에 만족할 줄 모르고, 쉽게 남을 원망하는 사람들에게 큰 가르침을 주고 있다.

(2020년)

PART 4

동네 한 바퀴

    주문한 책이 도착할 때가 되었는데 왜 안 오는 걸까 싶던 차에 출판사에서 연락이 왔다. 우리 집 주소를 잘못 써서 다른 곳으로 갔다며 미안하다고 한다. 그리곤 어이없이 내 책을 대신 받은 사람의 전화번호를 알려 주는 것이었다.

    전화를 해보니 내 택배를 받은 그 사람이 자신이 있는 곳의 위치를 아주 친절하게 알려주었다. 우리 집에서 그다지 먼 곳이 아니어서 다행이었다. 걸어가도 될 거리였지만 택배가 가벼운 무게가 아닌지라 차를 몰고 갔다.

　그가 알려준 건물의 후문은 골목길이라 차들의 교행을 생각하며 조심스럽게 정차를 하였다. 사십 대 초반으로 보이는 그는 박스 두 개를 나의 차가 있는 곳으로 들고 왔다.

　내 주변에 그 책을 필요로 하는 사람들에게 나누어 주려고 50권을 주문한 터였다. 그것도 권당 467페이지에 달하는 두꺼운 책이었다. 너무도 미안하여 쩔쩔매는 내게 그는 빙긋 웃으며 차 뒷문을 열어서 얌전하게 실어주었다. 그리고는 건물 안으로 바삐 들어갔다. 그제야 바라보니 병원 건물이었다.

　고마움을 가슴에 담고 차를 출발하려는데 내 바로 앞의 차가 서행을 하고 있는 것이다. 차 번호를 보니 우리 옆집의 차가 분명하였다. 차에 갓난아기를 태웠을까, 달걀을 실었을까, 별생각을 다 했다. 좁은 골목길이라 앞지르기 할 수도 없어 나도 천천히 갈 수밖에 없었다.

　조금 넓은 삼거리에 다다르자 그 까닭을 알게 되었다.

종이 박스를 가득 실은 리어카를 몰고 가는 할머니가 경적에 놀랄까 봐 천천히 가게 되었다는 것을. 우리 동네가 이렇게 좋은 사람들이 살고 있다는 걸 알게 되자 가슴이 따뜻해져 왔다.

그러고 보면 이 동네에 이사 온 지 몇 년이 되었건만 동네 구경을 아직 제대로 못 한 터였다. 우리 집 근처 몇 집만 서로 인사하고 지낼 정도다. 시내에 볼일이 있으면 대문 앞에서 차를 타고 갔다가 바로 대문 앞에서 내렸다.

오늘은 걸어서 동네 한 바퀴를 돌기로 하였다. 평소 운전을 할 때면 앞만 보고, 걸을 때는 땅만 보는지라 이웃의 집들을 눈여겨보지 못했다.

우리 집에서 몇 걸음도 채 안 되는 곳에 담장이 온통 꽃으로 덮인 동화 속의 집이 눈에 들어왔다. 근처에 갔을 뿐인데 꽃향기가 내 몸을 친친 감는 듯하였다. 꽃들의 얼굴을 애써 담장 밖으로 향하게 한 것은 행인을 위한 집주인의 배려심이라는 걸 느낄 수 있었다.

꽃구경하는 나를 집 안에서 유리창을 통해 보았는지 여

주인이 나왔다. 나와는 초면인데도 친절하게 자신이 가꾼 꽃 이야기를 해 준다. 꽃 이름, 파종 시기, 꽃으로 인해 행복해진 마음 등. 그렇게 말하고 있는 그 여성의 눈빛은 꿈을 꾸는 듯 그윽해 보였다. 누가 멀찍이서 보면 우리가 좋은 친구인 줄 알 것이다. 참 고마운 이웃사촌이었다. 문득 '좋은 저택을 사기보다 좋은 이웃을 얻어라'는 스페인 속담에 공감이 갔다.

조금 더 걸어가니 그리 넓지는 않으나 금잔디가 깔려 있는 마당이 보였다. 잔디 위에 놓인 벤치에 앉아 있던 할머니 세 분이 자리에서 일어나 각자 뿔뿔이 헤어지는 것이었다. 대문도 없는 집이어서 친구분들과 담소를 나누다가 집에 가시는 모양이었다. 자연스럽게 행동하시는 걸 보니 자주 있는 일 같았다. 집주인은 아마도 마음이 큰 사람이지 싶다.

근처의 작은 구멍가게에 들어갔다. 상점 안이 깨끗했다. 진열을 말끔하고 가지런하게 해놓은 터라 필요한 상품을 쉽게 찾을 수 있었다. 생필품 두어 가지를 골랐다.

그간 무조건 큰 슈퍼마켓이나 마트만 찾았던 나는 물건값을 계산할 때 주인 할머니한테 공연히 미안하다는 생각이 들었다. 간단한 물품은 동네 가게에서 사야 된다는 걸 깨닫게 되는 순간이었다.

오늘은 이쯤에서 집에 돌아가야지 생각했을 때였다. 가까운 곳에 그리 크진 않지만 참 예쁜 집이 보였다. 직선이 아닌 곡선으로 지은 것 같았는데 집이 부드럽고 아기자기한 느낌이 들었다.

우선 대문을 특이하게 만들었다. 동화책 속에서 본 듯한 그런 모양새였다. 또한 매일 닦는지 반들반들하면서 먼지 한 톨 없는 것이다.

집주인이 누군지 궁금해졌다. 아마도 부지런하며 예쁜 사람일 것 같았다. 한참 동안이나 시선을 보냈지만 거두기가 싫을 정도였다. 그 집 안에 한번 들어가 보고 싶었다.

문득 내 글도 그 집 같았으면 좋겠다는 생각을 해 본다. 그 집의 예쁘고 깨끗한 대문처럼 내 글의 제목도 매력적이었으면 싶다. 내가 그 집에 들어가 보고 싶듯 독자들이 내 글에 시선을 보냈으면 좋겠다.

　이제 가끔씩 동네를 한 바퀴 돌아야겠다. 이웃들을 만나면 다정하게 인사도 나누고 대화도 주고받아야겠다. 잘못 받은 내 택배를 아주 친절하게 차에 실어준 그분이 정말이지 너무나 고맙다. 꽃구경을 행복한 마음으로 할 수 있게 해 준 그 여인도 마찬가지이다. '먼 사촌보다 가까운 이웃이 낫다'는 말처럼 나도 이제 좋은 이웃으로 남고 싶다.

(2018년)

PART 4

찬란한 슬픔

  문우 몇 사람과 함께 만어사萬魚寺에 갔을 때다.

  경남 밀양시 삼랑진읍에 위치하고 있는 만어사는 가락국 김수로왕이 창건했다는 전설 속의 사찰로 알려져 있다.

  동해 용왕의 아들이 길을 떠나니 만 마리나 되는 물고기들이 뒤를 따랐다. 그가 그곳에서 미륵바위가 되자 물고기 떼들도 같이 돌이 되었다 한다. 우리는 그걸 보러 간 것이다.

사찰 입구에는 너럭바위 위에 10kg쯤 되는 둥근 돌이 하나 놓여 있었다. 들어올리려고 애쓰는 사람들의 모습이 재미있어 우리는 잠시 구경을 하였다.

내 바로 앞에 서 있던 앳된 아가씨가 그 돌을 들겠다고 끙끙거리기에 나도 도전해 보았다. 놀랍게도 나는 너무 쉽게 들리는 것이 아닌가. 그것도 네 번이나 번쩍번쩍 들어올렸다. 옆에서 쳐다보는 남자들도 많았는데 내숭은커녕 마치 여장부처럼 힘자랑을 했으니…. 잠시 뒤에 부끄럼이 밀려왔다.

그 돌의 이름은 '소원돌'이라 하였다. 맘속으로 소원을 빌면서 들어올리면 소원이 이루어지지 않고, 돌이 꼼짝하지 않으면 소원이 이루어진다는 것이다. 나는 그냥 아무 생각 없이 돌을 들었을 뿐이다.

그때 우리 일행 중 ㄱ 선생님이, "강 선생님같이 행복한 사람한테도 소원이 있나요?" 하는 것이었다. 순간, 나는 대답 대신 빙긋 웃고 말았지만 그 시간 이후로 나의 머릿속은 안개가 자욱하였다. ㄱ 선생님은 왜 나한테 행복한

01 경남 밀양 삼랑진읍 만어사의 '만어석萬魚石'
02 맘속으로 소원을 빌며 돌을 들어올리면 소원이 이루어지지 않고, 돌이 꼼짝 않으면 소원이 이루어진다는 '소원돌'

사람이라고 하였을까. 내가 혹여 사람들 앞에서 행복한 척하였단 말인가 싶자 고개가 도리질을 하였다. 살아가면서 잠시 행복한 적도, 불행한 적도 있었으나 그때마다 굳이 내색하며 살지는 않았다.

특별한 곳에 왔는지라 모두들 감탄하며 신비로운 만어석萬魚石에 시선을 보내고 있었다. 나는 눈앞에서 파노라마처럼 펼쳐지는 내 지난날에 시선이 절로 갔다.

우리 부모님은 삼남 삼녀 중 유독 세 아들을 좋아하셨다. 세 딸 중에서는 첫째인 언니를 예뻐하셨다. 언니는 공부도 잘했지만 동네에 소문이 날 정도로 어여뻤다. 육 남매 중에서 언니만 잘생긴 아버지를 닮았다. 언니는 우리 부모님한테 '예쁜 딸'이었다. 막내 여동생은 하는 짓마다 귀여워 가족의 사랑을 듬뿍 받았다.

둘째 딸인 나도 아버지의 외모를 닮았으면 좋았으련만 아버지의 고지식하고 융통성 없는 성격만 쏙 빼닮았다. 유년 시절, 동네 사람들이 '어진이'라고 부르듯 순둥이여서 우리 집에선 나의 존재가 있는지 없는지 모를 정도였다. 그래 어린 마음에 나도 부모님한테 사랑을 받고 싶어 생각한 것이 '착한 딸'이 되는 것이었다.

먼저 부모님 말씀을 잘 들었다. 아버지가 심부름시키면 자다가도 벌떡 일어나 가곤 하였다. 예닐곱 살 무렵, 몇 번이나 아버지 뒤로 살짝 다가가서 어깨를 주물러 드렸다. 그러자 아버지가 나를 홱 돌려 안아서 무릎에 앉히셨다. 그리고는 내 머리카락 속에 담배 연기를 뿜으시며, "어, 우리 현순이 머리에 불났다." 하시는 것이었다. 그 행복했던 순간을 나는 지금도 잊지 못하고 있다.

어머니 기분 좋으시라고 어머니가 만드신 반찬은 항상 한 가지도 빠트리지 않고 고루고루 다 먹었다. 어머니가 돌아가시기 전에 나에게, "내 자식 중에 니가 젤 독하더라." 하셨다. 나는 놀라며 왜 그런지 여쭈었더니, 육 남매 중에서 유독 나만 병원과 약국에 데려간 적이 없다는 것이었다. 지금까지 건강을 잘 유지하고 있는 까닭은 어머니가 만드신 음식을 골고루 잘 먹었기 때문인 것 같다.

학교에서 모범생 소리를 들었다. 친구들과 싸우지 않고

잘 어울렸다. 공부도 열심히 하였다. 집에서나 학교에서나 힘든 일, 궂은일은 내가 도맡아 했다. 이 모두 부모님한테 '착한 딸'이 되기 위해서였다.

얼마 전에 한자리에 모인 형제들이 내 아들한테, "용아, 너그 엄마 너무 고지식하고 융통성이 없어 답답하제? 별명이 교과서다. 그래도 우리 육 남매 중에서 제일 착하고 공부도 잘했단다." 하였다. 내 바람이 그래도 성공은 한 모양이었다. 그런데 갑자기 뜨거운 눈물이 소리 없이 주르르 흘러내리는 것은 왜일까.

결혼한 후 바로 임신을 하여 딸을 낳았다. 그 딸아이가 세 살 때, 그러니까 내 나이 스물아홉 되던 해였다. 남편이 음주운전으로 가로수를 들이받으며 머리를 다쳤다. 뇌수술을 두 번이나 하였다. 그 뒤로 임신이 되지 않았다.

이웃에 사는 손위 큰시누이는 걸핏하면 시댁에 찾아와서 내가 하는 일마다 간섭과 꾸중을 하였다. 외동에 시집와서 아들 하나 못 낳는 나는 주눅이 들었다.

그러던 어느 날, 큰시누이가 아파서 병원 중환자실에 입

원하게 되었다. 나한테 했던 걸 생각하면 병문안 가기 싫었지만 그래도 그럴 수는 없었다. 자주 가서 깨끗한 물수건으로 온몸을 닦아주면서 보살펴 드렸다. 그러자 어릴 때부터 자신의 엄마가 내게 하던 걸 보아왔던 큰시누이 딸이 눈물을 글썽이며, "외숙모님은 천사입니다." 하는 것이 아닌가. 나는 순간 북받쳐 오르는 슬픔을 참지 못하고 그곳을 뛰쳐나왔다.

딸 낳은 지 11년 만에 드디어 오매불망하던 아들을 낳았다. 첫딸을 낳자마자 손자 타령을 하시던 시어머니가 남편에게, 돈은 얼마든지 줄 테니 어디 가서 아들 하나 낳아 오라고 하더란다. 물론 남편은 그러지 않았고 이 이야기도 아들을 낳고 나서 웃으며 하였다.

친정은 큰 부자도, 그렇다고 가난하지도 않았지만 시댁은 부자였다. 동네에서 '알부잣집'으로 통했다. 모든 재산은 시어머니 명의였다. 결혼하고 나서 안 사실이었다.

오래전에 티브이에서, 일본군 위안부 할머니한테 기자가 "할머니, 많이 힘들었지요? 이제 모두 맘 놓고 말씀하

세요." 하였다. 그러자 그 할머니가 초점 없는 눈빛으로 "기억하고 싶지 않아요." 하던 게 잊히지 않는다.

　세월이 많이 흘렀다. 지금 누군가가 내게, 지난 시집살이 이야기를 들려 달라면 아마 나도 그 할머니처럼 대답할 것 같다.

　그날 만어사에서 ㄱ 선생님이 왜 나한테 행복한 사람이라고 하셨을까. 지난날 힘들게 잘 참아오면서 '착한 딸', '천사' 소리 들은 걸 아시고 그리 말씀하셨을까.

(2018년)

PART 4

예쁜 치매

　약속 시간에 늦지 않으려고 바쁘게 대문을 나설 때였다. 낯모르는 젊은 여성이 건넛집에서 나오더니 빠른 걸음으로 내 앞에 섰다. 치매검사차 보건소에서 나왔다며 집집마다 방문 중이라 하였다.
　대문을 이미 잠근 뒤여서 다음에 하면 안 되겠냐고 물었다. 잠깐이면 된다며 그 사람도 지지 않았다. 결국 대문 앞에서 치매검사를 하게 되었다.
　제일 먼저 내 이름을 묻고 오늘이 몇 월 며칠인지 말해

보라고 하였다. 다음엔 주소와 주민등록번호를 대보란다. 여기까지는 일사천리였다. 잠시 후 낱말 다섯 가지를 말하더니 그걸 다 기억하느냐고 하였다. 한 가지가 생각나지 않아서 만점을 받지 못하였다.

　마지막이라며 계산문제를 내겠단다. 문제를 받기도 전에 긴장을 했는지 나도 모르게 마른침을 꿀꺽 삼킨 것 같았다. "100에서 7을 빼면요?" "93이지요." "93에서 7을 빼면요?" "….." 순간 나는 그 여성에게 죄를 지은 듯 바로 쳐다보질 못하였다. 답이 빨리 생각나지 않았기 때문이었다. 겨우 대답하고 나면 "거기에서 또 7을 빼면요?" "….." 대답 대신 땀이 나왔다. 하필 그때 길을 지나는 사람들이 힐끗힐끗 쳐다보는 것이어서 더 힘이 들었다.

　학창 시절 때 가장 싫어하고 못하는 과목이 '수학'이었다. 고스톱이 계산에 도움이 된다고 하더라만 나는 그것조차 못한다.

　보건소 직원은 날더러 수고했다며 가버린다. 그건 맞다. 나로선 얼마나 힘든 시간이었는지 모른다. 그러면서 은근히 걱정이 되었다. 검사 결과는 어떠할까 싶어지자 일이 손에 안 잡히는 것이다.

바깥 볼일을 보고 집에 들어오자마자 의학책을 펼쳐보았다. 인터넷 검색도 해 보았다.

치매란 뇌의 신경 세포가 대부분 손상되어 장애가 생기는 대표적인 신경정신계 질환이라고 한다. 두뇌의 수많은 신경 세포가 서서히 쇠퇴하면서 뇌 조직이 소실되고 뇌가 위축되어 간다는 것이다.

다행히 가족이나 친구, 이웃 등 내 주변에는 아직 치매 환자가 없는 것 같다. 간혹 문학 작품이나 티브이, 영화를 통하여 심각한 장면을 볼라치면 무서웠다. 환자와 가족들이 참 안 됐다는 생각이 들었다.

요즘, 물건의 이름이 금방 떠오르지 않아 머뭇거리는 일이 가끔 있다. 허나 시간이 조금 지나면 생각나는 것이어서 그래도 '명칭실어증'은 아닌 모양이다.

마음이 급해지면서 책에 써놓은 대로 자가 검진을 하기에 이르렀다. 잠을 통 못 자거나 많이 자는 등 수면장애가 위험하다지만 나는 대체로 꿀잠을 자는 편이다. 감정이나 성격에 변화가 있어도 의심스럽다 했다. 그건 내 주변 사람들에게 물어봐야겠다. 그리고 지난날을 제대로 기억하는지 알아보기 위해 눈을 감고 과거로 시간여행을 하였다.

한참만에 내가 내 안을 들여다보았다. 거기엔 나의 과거가 소멸되지 않고 다 들앉아 있었다. 아름다운 것들로만 채워지고 있었더라면 좋았을 텐데, 그건 희망사항일 뿐이었다. 내 딴엔 잘 살아가고 있다고 생각하였는데 그건 착각이었다.

거기엔 나의 기쁨, 슬픔, 미움, 원망 등속이 모두 함께 있었다. 안 좋았던 일, 괴로웠던 일 같은 건 지금이라도 어떻게 지워버릴 수 없을까 싶다. 카톡 보내려다 마음이 변해 삭제하듯.

건강 문제만큼은 자신의 의지대로 안 되는 것 같다. 병원을 살 수 있을 정도의 부자들이 심심해서 오랜 시간 동안 병원에 누워 있을까. 건강에 적신호가 오기 전에, 그러니까 건강할 때 건강을 지켜야겠다는 생각이 든다.

  나도 어느 날 덜컥 몸져누울지도 모른다. 노병老病은 누구라도 피해 갈 수 없다. 그렇더라도 꼭 한 가지! 치매만큼은 안 만나고 싶다. 너무 부끄럽고 비참할 것 같다. 가족들을 힘들게 하고 싶지 않다. 그러기 위해서는 예방하는 게 상책이다. 혼자 있는 시간을 줄여야 한단다. 우울해진다는 것이다. 우울증은 치매로 가는 지름길이란다. 좋은 사람들을 만나 웃으며 얘기를 나누고 즐겁게 지내라고 한다.

  치매 환자들의 말이나 행동은 과거에 자신이 했던 언행을 그대로 한다고 한다. 그렇다면 혹여 다음에 그런 일이 있더라도 부끄럽지 않도록 지금부터 노력해야겠다. 오늘은 내일의 과거이니까.

  오늘부터라도 고운 말 예쁜 말만 사용해야겠다. 바르고 점잖은 행동을 하는 것도 마찬가지이다. 그렇게 살아가면 혹 그 몹쓸 병에 걸리더라도 '예쁜 치매'여서 덜 부끄러울 것 같다. 그런데 이렇게 다짐하니 마음이 너무나 공허해진다.

                                                        (2020년)

PART 5

풀

마이산・짬뽕 국물・행복 지수・황금빛이 주는 여유・우리 뒷집・경남문협 회원은 경남을 알리는 홍보 대사・겨울 여행

PART 5

마이산

 며칠째 종아리가 너무 아프다. 커다란 파스를 계속 붙여 보건만 효험을 못 느낀다. 어언 일주일이 다 되어간다. 마이산에 다녀온 다음 날부터다.
 마음 맞는 벗님들과 우리나라의 명소를 매달 찾아가곤 한다. 이번에 의견이 모아진 곳은 명승 제12호인 마이산이었다.
 마이산은 전라북도 진안군 진안읍 단양리와 마령면 동촌리의 경계에 있는 산이다. 진안고원에 있는 두 개의 암봉으로 신라 시대에는 서다산, 고려 시대에는 용출산이라고 했단다. 조선 시대부터는 산의 모양이 말의 귀와 같다 하여 마이산馬耳山이라 부르게 되었다 한다. 동봉이 수마이봉(667m), 서봉이 암마이봉(673m)이다. 동봉과 서봉이 약 20m 간격을 두고 있다는 것을 이번에 알게 되었다.

　목적지에 도착한 우리는 독특한 모양새를 보여주고 있는 산의 품에 들기 위해 긴 호흡을 하였다. 그리고는 서로 등지고 있는 기이한 모습의 두 봉우리를 보자마자 카메라에 담기 시작하였다. 곳곳에 피어 있는 봄꽃들이 선들바람에 몸을 흔들며 반겨 주었다.

　한국의 가장 아름다운 사찰인 탑사를 빨리 보려고 나무 덱deck으로 만든 계단을 쉬지 않고 올랐다. 사월 중순이지만 등에는 땀이 흥건했다. 바람은 우리보다 더 자신을 필요로 하는 곳으로 갔는지 없다. 높은 지점에 가서야 잠시 만나곤 이내 건너편으로 내려갔다. 그때까지만 해도 누구한테서도 다리 아프다는 소리를 듣지 못했다.

　드디어 그토록 만나고 싶었던 탑사가 눈앞에 나타나자 입에서는 흥분의 신음소리가 절로 나왔다.

마이산의 지질 구성은 백악기의 역암으로, 특히 암마이봉 남쪽에는 구멍이 많이 나 있었다. 이는 풍화혈風化穴의 일종인 타포니로, 암석의 작은 홈에 들어간 물이 얼었다 녹았다를 반복하였기 때문이란다.

마이산은 전형적인 타포니 현상을 관찰할 수 있는 세계적 지질 명소로 알려져 있다. 산 전체가 암석산인데 정상에는 식물이 자라고 있다니 그저 놀랍기만 하다. 정상에 올라 직접 보고 싶지만 그럴 수 없어 안타까웠다.

이 마이산의 80여 개 돌탑은 신비스럽기까지 하다. 1800년대 후반, 이갑용 처사가 혼자서 낮에 돌을 모으고 밤에 탑을 쌓았다고 전해진다. 돌탑들의 형태는 일자형과 원뿔형이 대부분이었다. 아래쪽은 완만하고 위로 올라갈수록 수직이 되는 독특한 방식으로 구축되어 있었다. 대웅전 뒤에 있는 천지탑 한 쌍이 가장 높았다. 어른 키의 약 세 배 정도쯤 되었다. 천지탑은 만 3년여 고행 끝에 만들어졌다고 한다.

돌탑에 사용된 돌들은 크기도 모양도 제각기 달랐다.

마이산
탑사

매끈하게 잘생긴 돌도 뾰족하게 모난 돌도 한데 어우러져 있어 친근감이 들었다. 100년이 넘었으나 아무리 거센 광풍이 불어도 무너지지 않는다고 하니 그저 놀라울 뿐이다.

 우리는 천지탑과 주변의 서른여 개에 달하는 여러 모양의 탑 주변을 떠날 줄 몰랐다. 곳곳에 세워져 있는 안내판은 이 모든 낯선 것들을 이해하는 데 도움이 되었다.

 은수사의 취수단 부근에 기온이 영하 5~6° 되면 떠놓은 정화수에 놀라운 일이 발생한다고 한다. 얼음 기둥이 하늘로 솟아오르는 진귀한 현상이 일어난다는 것이다. 이 역고드름 앞에서 빌면 소원이 이루어진다고 알려지자 해마다 1월이면 많은 관광객들이 찾는다고 한다. 맘속으로, '아들을 못 낳아 힘들어할 때 진작 알았더라면 나도 왔을 텐데' 하며 나만의 의미 있는 미소를 짓고는 했다.

 태조 이성계가 심었다는 제386호 천연기념물 은수사 청실배나무도 둘러보고는 귀가 준비를 하였다. 돌아오는 차 안에서 몇 번이나 잘 왔다가 가노라며 친구를 두고 오는 듯 뒤를 자꾸 돌아다 보았다.

 다음 날 저녁이었다. 나도 모르게 종아리에 자꾸 손이 가는가 싶더니 자고 나니 아파오기 시작하였다. 하루 정도 지나면 괜찮겠지 싶었으나 시간이 지날수록 더 심했다.

 일행 단톡방에 솔직하게 고백했다. 평소에 운동을 안 했던 터라 지금 다리가 많이 아프다고 하였다. 마이산이 '魔마의 산'같이 느껴질 정도라고 …. 그러자 대부분 나처럼 종아리가 아파서 고생 중이라고 하는 것이 아닌가. 누군가는 파스 붙인 종아리 사진을 보내오고 또 누구는 너무 아파서 약을 먹었다고 했다.

 우리는 탑사를 빨리 보고 싶은 마음에 성급하게 천여 개의 계단을 쉽없이 오르내렸던 것이다. 가다가 나무 그늘 아래서 웃음꽃을 피우며 쉬엄쉬엄 갔더라면 이런 일은 없었을 터였다.

 그래도 나이가 더 들기 전에 잘 다녀왔다면서 미소 띠며 그곳의 모습이 담겨 있는 사진을 들여다본다.   (2022년)

PART 5

짬뽕 국물

 문우 ㅇ 님이 쓴 수필 〈선물〉을 읽는다. 얼마 전 정년 퇴임을 한 그가 교사 초임 시절의 아름다웠던 날을 추억하는 글이다.

 산골 마을 학교에 첫 발령을 받은 지 달포가 지난 어느 날이었다. 출근하여 교실로 들어선 순간 그는 밀려오는 감동의 물결에 어쩔 줄 모른다. 진달래꽃이 꽂힌 소주병이 교탁에서부터 창가를 따라 교실 둘레에 놓여 있었기 때문이다. 아이들이 등교하면서 담임선생님을 기쁘게 해

드릴 요량으로 마음을 한데 모았던 것이다.

진달래꽃은 평지에만 피는 꽃이 아니다. 아슬아슬한 비탈길에도, 손이 잘 닿지 않는 바위틈에도 있다. 더 빛깔 곱고 예쁜 꽃을 꺾기 위하여 아이들은 엎어지고 넘어지기도 했을 것이다.

o 문우님은 그 꽃병이 이 세상의 그 어떤 선물보다도 소중하다고 하였다. 아이들에게서 받은 맑은 마음이 사십여 년의 교직 생활에서 흔들리지 않는 단단한 기둥이 되었다며 술회하였다. 그 아이들의 순진무구한 심성이 내게도 와닿았다. 글을 읽는 내내 가슴이 따뜻해지면서 분홍빛으로 물들어가는 것 같았다.

우리는 다종다양한 선물을 주고받으며 살아간다. 나도 여러 형태의 선물을 많이 주고받았다. 그중, 직접 받지는 않았으나 받은 것 이상으로 가슴이 훈훈하고 뿌듯했던 '특별한 선물'이 생각난다.

몇 년 전이었다. 마산 창동에서 수필공부를 한다고 '창동수필교실'이라 이름 붙이고 일주일에 하루, 두 시간 수

업을 하였다. 그날도 강좌가 끝나면서 문단속을 하고 사무실을 나왔을 때다. 수강생 ㅊ 님이 문 앞에 서 있다가 내게로 다가왔다. 그리고는 "선생님, 짬뽕 국물 좀 갖다드릴까요?" 하는 것이다.

ㅊ 님은 대학 졸업 후 직장 몇 군데를 전전하다가 시골에서 중화반점을 개업했다는 수필을 쓴 적 있다. 일주일 중, 월요일은 가게가 쉰다고 한다. 그래서 무엇을 배워볼까 싶어 창원시청 홈페이지에 들어가 보았다는 말을 들었다.

그는 수필 쓰기가 태어나서 처음이라더니 과연 첫 작품다웠다. 맞지 않는 첫 문장 들여쓰기부터 잘못된 맞춤법과 띄어쓰기 등이 증명했다.

그런데 세 번째 작품부터는 달랐다. 실로 놀라웠다. 세공을 하고 있는 다이아몬드 원석 같다고나 할까. 우선, 심성이 그리 고울 수가 없었다. 글이 참 따뜻하고 정감이 갔다. 소재도 독특한 데다 진솔하고 겸손하여 수강생들이 합평회를 할 때마다 그의 글에 박수를 보내주었다. 그러노라면 멋쩍게 웃으며 "다 선생님 덕분입니다. 고맙습니다. 더 열심히 공부하겠습니다." 하고 인사하는 것도 잊지 않았다. 그는 또 워낙 부지런한지라 한 학기 동안 작품을 예닐곱 편이나 냈다. 결석은커녕 지각 한 번도 하지 않았다.

　…그래서 자신 있게 만드는 짬뽕을 나에게 선물하고 싶은 것이었다. 그런데 난 맹추였다. 그냥 "예." 하였더라면 좋았을 것을. "짬뽕 국물을요? 아니요, 괜찮습니다." 하고 말았으니. 그 국물을 가지고 오는 시간부터 내가 받아서 우리 집에 도착하여 먹을 시간을 계산하면 어림잡아 서너 시간이 걸린다. 그건 변명이고 그 짧은 순간에 '짬뽕 국물'을 선물하겠다 하니 순식간에 웃음이 나오는 게 아닌가.

　친구의 전화에다 짬뽕 국물 이야기를 하면서 내가 큰 실수를 했다고 하니 대뜸 짬뽕 먹으러 가잔다. 아는 건 단지 그가 사는 마을 이름뿐이었다. 일단 ○○ 마을은 시골이라 중국 음식점이 하나뿐이겠거니 하고 무조건 출발했다. 가다 보니 '○○ 반점' 간판이 보였다. 시골이어서 영화 속에 나오는 작고 허름한 가게를 상상했는데 아니었다. '언덕 위의 하얀 집'이었다. 주차장도 널찍했다. 혹여 선생님 왔다고 짬뽕값을 안 받을 수도 있겠다 싶어 나는 모자와 선글라스를 쓰고 친구 뒤에 바짝 붙어서 들어갔다.

식당 안은 넓고 깨끗하였다. 카운터의 여인은 그의 아내인 듯했다. 아리따웠다. 반쯤 공개된 주방에서 ㅊ 님이 젊은 보조와 함께 바쁘게 일하고 있었다. 하얀 조리사 모자와 가운이 잘 어울렸다. 멋져 보였다.

나는 주방을 뒤로하고 앉았다. 짬뽕 두 그릇을 주문하였는데 곱빼기처럼 양이 많았다. 둘 다 아침을 늦게 먹었는지라 남길까 봐 걱정이 되었지만 그게 아니었다. 정말, 말도 못 하게 맛있어서 순식간에 빈 그릇을 만들었다. 친구도 나도. 그랬구나 싶었다. 자신감 가져도 될 음식이었다. 그때 거절했던 게 새삼 미안하고 후회되었다.

식당을 나와서 전화기를 켰다. 수필교실 단체카톡방에 편지를 보내기 위해서다. 먹기 전의 짬뽕 사진, 다 먹은 빈 그릇 사진을 편지와 함께 보냈다. 말할 수 없을 정도로 맛있었으며 여러분도 한번 가 보시라고 했다. 이내 몇 사람이 꼭 가겠다고 답장이 오고 ㅊ 님도 읽었는지 답이 왔다. 그리 살짝 왔다 가시면 어쩌냐면서 아쉬워했다.

다음 학기 때 그가 수강 신청을 하지 않기에 깜빡했나 싶어 전화를 해 보았다. 마산 시내에서 자신의 동네까지 새 길이 나자 손님들이 많이 몰려오는지라 공부할 시간이 안 난다는 것이었다. 50분에서 20분으로, 30분이나 단축이 된 데다가 그 근처에 관광지가 있어서 그런 모양이었다. ㅊ 님이 계속하여 공부하였더라면 지금쯤 좋은 수필가가 되어 있을 것이다.

ㅇ 문우님의 작품 〈선물〉을 읽다가 문득 나도 특별한 선물 '짬뽕 국물'이 생각난 것이다.

(2020년)

PART 5

행복 지수

친하게 지내는 문우들과 식사를 하기 위해 한자리에 모였을 때였다. 화기애애한 분위기가 지속되자 누군가가 뜬금없이 나의 행복 지수가 몇 점인지를 묻는 것이었다. 내가 미처 답하기도 전에 옆에 앉아 있던 ㅇ 님이 냅다, "아마도 120점일 걸요." 하였다. 그러자 약속이라도 한 듯 일동 고개를 끄덕였다. 100점 만점에 120점이라니…. 그렇게 좋이 봐주어서 고맙기는 했으나 아니라며, 50점이라고 내 마음을 솔직하게 털어놓았다. 그러자 모두들 동시에 동그란 눈으로 나를 쳐다보는 것이었다.

  나의 행복에 대해 그들이 어떻게 알기에 그리 쉽게 점수를 매기는지 모르겠다. 행복은 본인이 느끼는 것이지 남들의 눈에 보이는 게 전부가 아니지 않은가. 첫째, 내가 하고 싶은 일을 하는 것. 둘째, 꼭 보고 싶은 사람을 만나는 것. 그 두 가지를 이루게 되면 그때는 100점이라 말하겠다고 했다.

  사람마다 하고 싶은 일은 있을 것이다. 나 또한 하고 싶은 일이 있다. 아무 제약 없이 언제라도 자유롭게 여행을 하여 알토란 같은 '기행수필집'을 펴내는 일이다. 가고 싶은 곳은 오래전에 이미 정해 두었다. 대략 서른여 곳인데 아직 반도 못 둘러본 상태다.

  명승지에서 내가 쓴 기행수필을 읽고는 그곳에 당장 찾아가고 싶은 마음이 들게 온 힘을 기울여 쓸 테다. 가끔씩 목적지를 메모해 둔 공책을 펼치면 가슴이 설렌다. 차편은 장소에 따라 기차로, 승용차로, 또는 버스를 이용하고 있다. 혼자도 좋고 누군가와 함께해도 괜찮다. 목표를 달성하기 위하여 건강관리도 꼼꼼히 체크하고 있다. 그 기행수필집이 나의 '제6수필집'이 될 것이며 아마도 마지막 작품집이 되지 않을까 싶다. 내 온 정성을 다 바칠 터이다.

또 한 가지는 죽기 전에 보고 싶은 사람을 단 한 번만이라도 만나는 것이다.

다행스럽게도 내 주변에는 내가 좋아하고 나를 좋아하는 사람들이 많아 지금껏 어려움 없이 잘살고 있다. 가족, 친구 등. 그들은 만나고 싶은 마음과 시간만 있으면 언제라도 볼 수가 있는 사람들이다. 그런데 소식이 궁금한 단 한 사람이 있어 애가 탄다.

중학교 2학년 때였다. ㅅ, 그는 중3이었는데 모범생이고 우등생인 착하고 멋진 오빠였다. 마주치기만 해도 가슴이 마냥 설레고 떨렸다.

예전에는 중학교에 입학해서야 영어를 배우게 된다. 내가 다니던 중학교의 영어 선생님은 아주 좋은 분이셨다. 학생들이 수업시간에 재미있게 공부를 할 수 있도록 최선을 다하셨다.

어느 날이었다. 선생님이 칠판에 영어 단어를 하나 급히 쓰시고는 우리들에게 사전으로 빨리 찾아보라고 하셨다. 나는 그 단어를 찾기 위해 일단 사전을 폈다. 공교롭게도 그곳에 찾아야 할 단어가 있었다. 선생님이 또 한 단어를 칠판에 쓰셨다. 나는 또 찾기 위해 사전을 폈는데 그곳에 답이 있는 것이 아닌가. 이건 내가 잘 찾아서가 아니라 순전히 우연이었다. 내가 두 개를 연거푸 찾아 발표하니 선생님이, "역시 영리한 놈은 달라." 하시는 것이었다. 그 칭찬이 부끄럽기도 하고 고마워서 공부하려고 책상 앞에 앉았다 하면 내 손엔 영어책이 있었다.

그런고로 우리 집 근처에 사시는 선생님의 심부름을 자주하게 되었다. 심부름 결과를 알리러 갈 때마다 ㅅ, 그는 선생님한테 영어 과외를 받고 있었다. 내가 그의 자리 옆에 있는 서너 권 되는 영어 참고서를 부러워서 뚫어지게 바라보니 "빌려줄까?" 하는 것이었다. 나는 "예"도 못하겠고 "응"도 못하겠기에 그냥 고개만 끄덕였다.

그렇게 몇 권의 참고서를 빌려본 덕에 '영어'가 학창 시절에 제일 좋아하고 잘하는 과목이 되었다. 우리는 친하게 지낼 새도 없이 1년이 지나면서 영영 볼 수 없게 되었다. 그는 고등학교를 멀리로 간 것이었다.

세월이 많이 흘렀는데도 가끔씩 그가 생각나곤 한다. 내가 세상에 태어나 이성에게 처음으로 마음이 끌린 사람이어서 그럴까. 기쁜 일이 있을 때 그와 함께하면 그 기쁨은 배가 될 것 같았다. 외롭고 슬픈 일이 있을 때도 그가 위로해주면 마음이 따뜻해지지 않을까 싶었다.

누군가. 첫사랑은 가슴에 품고 있는 것이지 만나서는 안 된다고들 한다. 나이 들어서 만나면 젊은 날의 아름다웠던 모습은 온데간데없기에 만남을 후회하게 된다고 한다. 어쩌면 그는 나를 가볍게 지나가는 비 같은 존재로 생각하였는지도 모를 일이다.

우리가 헤어진 지 어언 50여 년이 지났다. 내게 할머니라고 부르는 손주가 있는 지금도 그가 어디서 어떻게 살아가고 있는지 궁금하다. 이 나이 되도록 아직도 '기다림'

과 '그리움'으로 가슴을 따뜻하게 해 주는 것만 해도 고맙다. 이제는 그가 어디에서든 부디 건강하고 행복하기만 바랄 뿐이다.

그런데 단 한 번만이라도 볼 수 있다면 얼마나 좋을까.

(2019년)

PART 5

황금빛이 주는 여유

　밤늦은 시각, 무심코 켜 본 티브이에선 때마침 맥주 광고를 하고 있었다. 특유의 맑고 깨끗한 황금빛 맥주를 보자 갑자기 갈증이 느껴졌다. 슬그머니 자리에서 일어나 냉장고 문을 열었다. 가슴이 답답할 때 혼자 들이켜기에 알맞은 캔맥주를 두어 개 사 둔 게 생각났기 때문이다. 그중 하나를 꺼내 들고 다시 티브이 앞에 앉았다. 우선 한 모금 쭈욱 들이켜니 가슴이 시원해졌다.

　캔 하나를 다 비워냈을 무렵이었다. 마치 꽉 조여 있던 나사가 슬며시 풀어지듯 마음이 느슨해지고 여유로워짐을 느꼈다.

참 이상한 일이었다. 밖에서는 여러 잔을 마셔도 취하지 않는데 내 집이라 긴장을 풀어서 그런지 캔맥주 하나에 취기가 도는 걸 보면.

나는 빛깔과 향기가 고운 양주도, 어떤 요리에도 잘 어울린다는 소주도 못 마신다. 막걸리는 분위기에 어울려 조금 마시긴 해도, 어쨌든 내가 기분 좋게 마실 수 있는 술은 맥주뿐이다.

벗님끼리, 연인끼리 마주 앉아 서로 술잔을 권할 때 그건 이미 술이 아니라 정情이라 해도 좋을 듯하다. 나는 그런 때, 술잔은 크나 마치 아깝다는 듯 조금만 따르는 와인잔이나 작은 양주잔, 소주잔은 싫다. 인정이 넘치듯 하얀 거품이 철철 흘러넘치는 커다란 맥주잔을 권하고 싶다.

술은 적당히 즐기면 약이 되고 과음을 되풀이하면 독이 되는 것이니 이利 · 해害의 양면성을 지니고 있다. 적당히 마시면 약이 된다는 논리가 '약주'라는 말을 만들었을 것이다.

 일반적으로 건강에 도움을 주는 술로는 포도주와 맥주, 청주 등을 든다. 양조주에는 각종 미네랄과 비타민류가 파괴되지 않은 채로 풍부히 들어 있다고 한다. 빈혈에는 철분이 풍부한 포도주가 제일이며 건강 목욕과 마사지에는 청주가 그만이란다. 맥주는 담석증을 치료하는 이뇨제로 쓰이기도 하지만 치매도 예방한다고 한다.

 영국 리버풀 대학 연구원들이 맥주에 대해 발표한 글을 읽은 적이 있다. 인체 내의 알루미늄은 노인의 치매 상태를 가중시키고 근육 경직·언어 장애·방향 감각 장애 등을 일으킨다고 한다. 그러나 보리 속에 들어 있는 실리콘이 인체의 알루미늄을 제거하는 기능을 한다는 것이다.

 어쨌든 내가 맥주를 좋아하게 된 데는 이유가 있다. 방부제·색소·향료 등이 일절 사용되지 않는 자연의 원료로만 만들어지는 완전한 자연식품인 동시에 내게는 약주이기 때문이다.

 삼십 대 초반의 어느 날이었다. 부엌에서 식사 준비를

하던 나는 견딜 수 없는 복통을 일으켜 황급히 병원으로 간 적이 있다. 요로에 돌이 생기는 '요로결석증'이 병명이었다.

의사는 수술 안 하는 방법이 있다며 될 수 있는 한 물을 많이 마시라고 하였다. 그냥 물 마시기는 어려우니 수분이 많은 수박을 먹으면 좋겠지만 한겨울이라 안타까워했다. 몇십 년 전 그때는 여름에만 수박을 먹을 수 있었다. 의사는 갑자기 남편을 보고는 싱긋 웃더니 나한테 액체로 된 빵인 맥주를 많이 사주라고 하였다.

다음 날부터 남편은 퇴근할 때마다 맥주를 두 병씩 들고 와서는 마주 앉아서 같이 마시곤 했다. 그래서 한동안 그 약(?)을 많이 먹은 덕분에 수술을 받지 않고도 말끔히 나을 수 있었다.

잠 오지 않는 밤이다. 가슴이 따뜻한 사람들과 마주 앉아 도란도란 이야기꽃을 피우며 깨끗하고 산뜻한 황금빛 맥주잔을 부딪치고 싶다.

PART 5

우리 뒷집

  길 건너 우리 뒷집에 이사를 왔다. 내 책상과 마주한 집이다 보니 자주 눈길이 갔다. 이사 온 지 꽤 되었건만 며칠째 계속 뚝딱거리는 소리가 들려왔다. 어느 날은 작정하고 내다보았다. 1, 2층을 죄다 리모델링하는 것이었다. 그러니 일꾼이 열 명도 넘었다. 허구한 날 건축 자재를 트럭에 싣고 와서는 사다리차로 올려대는 것이었다. 대문 앞에 내려놓은 쓰레기도 엄청났다. 우리 집 뒤에 세워둔 차가 겁이 나서 떨고 있는 것 같아 며칠간 멀찍이 대놓기도 하였다.

뒷집 여주인이 나 없는 사이에 우리 집에 네모진 시루떡 한 개를 가져오면서 시끄럽게 해서 미안하다고 하더란다. 그러면서 그다음 날도 마당에 잔디를 심느라고 인부 몇이 트럭에서 짐을 가득 내리는 모습이 보였다. 사람 소리, 기계 소리가 왁자했으나 나는 얻어먹은 떡이 입에 있어서 그냥 빙그레 웃기만 할 뿐이었다.

오늘은 내 생활계획표를 보니 특별히 바쁜 일이 없다. 그래 그동안 잠시 밀쳐둔 책들을 읽기 위해 들고 와서 책상 앞에 앉는다. 그리고는 먼저 초록 이파리가 넘실거리는 건넛산을 보기 위해 창문을 활짝 열었다. 그러자 뜬금없이 뒷집의 정경이 내 눈길을 끌어당긴다.

2층 테라스에 언제 들여놓았는지 보랏빛 비치파라솔이 보이는가 싶더니 몇 사람이 앉아서 얘기 나누고 있다. 1층 아주머니가 2층 현관문을 자연스럽게 드나들면서 가끔씩 먹을거리를 들고나온다. 아마도 냉장고에 들어 있는 다과를 꺼내오는 모양이었다.

비치파라솔 밑에는 양복을 입은 사람, 작업복을 입은 사람, 연령도 차이가 있는 다양한 사람들이 앉아 있다. 저들은 대체 어떤 관계일까. 꽤나 큰 집인데 식구가 몇이기에 1, 2층을 다 사용할까. 온갖 궁금증이 구름같이 일어난다.

우리 집과 옆집은 늘 조용하기만 한데 뒷집은 계속 사람들이 드나든다. 마당의 나무에는 새들도 가득하다. 두세 마리가 아닌, 모르긴 해도 한 여남은 마리 될 듯싶다. 제일 키 큰 나무에 진을 치고 있는 새들은 이 가지에서 저 가지로 바삐 옮겨 다닌다. 맨 윗가지에 올랐다가 마당 풀숲에 잠시 내려앉는다. 이내 다른 새들과 함께하기 위해 키 큰 나무로 다시 쪼르르 날아간다. 내 눈길도 저들처럼 바삐 움직이느라 정신없다. "풀쪼쪼쪼― 뿌삐뿌삐―" 자기들끼리 은밀하게 대화를 나눈다.

테라스에 앉아 있는 많은 사람들과 저들끼리 속살대는 새들을 바라보자니 나도 모르게 지난날들이 물밀 듯이 밀려온다.

지금 생각해 보니 자상하신 부모님 밑에서 우리 육 남매는 참 행복하게 자랐던 것 같다. 동네에서는 우리를 '의좋은 육 남매'라 하였다. 우리 형제들이 집에 있으면 놀러 오는 친구들로 인해 현관에는 이중삼중으로 신들이 엉키곤 했다. 우리 어머니가 가만히 있을 리 없었다. 간식을 만들어 먹이느라 힘드셨을 것이란 걸 이제야 느낀다.

부모님 돌아가신 지 오래고 육 남매 다 뿔뿔이 흩어져 제 살길 찾아 떠난 지 몇 년이던가. 혹 부모님이 다시 살아나시면 헤어졌던 형제들도 다 돌아올까. 그래서 우리 뒷집처럼 많은 식구가 함께하며 오순도순 살고 싶다. 그러면 새들도 따라와서 예쁜 목소리로 지저귈 것 같다.

(2021년)

PART 5

경남문협 회원은
경남을 알리는 홍보 대사

    경남 예술인들은 일 년에 한 번 '경남문화예술진흥원'을 통하여 창작활동비를 지원받고 있다. 이른바 '지역문화예술육성지원사업비'가 그것이다.

    충분하지는 않으나 그 지원금으로 음악·연극·무용·연예·국악협회에선 공연을 한다. 미술·사진협회에서는 전시회를, 문인협회에서는 책 발간비로 충당하게 된다.

    그런데 2022년 올해 문학의 경우, 잘못되어도 한참 잘못

되었다. 경남 지역의 중요 문인들이 심사 대상에서 대거 탈락된 것이다. 지역 문협에서 매년 발간하는 기관지도 여러 군데나 선정되지 못하였다.

심사위원 명단을 살펴보니 심사위원 배정에 심각한 문제가 있었음을 알 수 있었다. 심사위원들은 전자도서관 직원, 부산의 모 대학교 강사, 경남의 모 대학교 영문과 명예 교수 등이 포함되어 있었다. 그들이 어떻게 심사위원 자격을 갖추었단 말인가. 정말 어이가 없었다. 경남문인협회 회원이 단 한 명이라도 심사에 참여하였더라면 이런 상황은 발생하지 않았을 것이다.

이에 격분한 경남문인협회 회원들은 한마음이 되어 경남도청 광장에서 만났다. 우리 문학인들의 자존심을 짓밟은 관련 부서 직원들에게 '우리의 입장'에 대해 규탄대회를 하기 위해서였다. 이내 언론에 보도되고 담당자들과의 만남도 있었으나 처음에는 대화가 통하지 않았다.

연극·영화·드라마(대본: 글), 음악·국악(작사), 미술·사진(해설), 무용(음악에 맞춰 노랫말 쓰기)을 보자. 문학

(글)이 없고는 문화예술을 상상할 수가 없다.

　문학인은 단지 자기 만족 내지 자기 위안을 느끼려고 글을 쓰는 것만은 아니다. 봄볕처럼 따뜻하고 해풍처럼 시원한 글을 써서 삶의 모서리에 찔려 힘든 시간을 보내고 있는 독자들에게 위안을 준다.

　경남 지역문협 기관지 한 권에는 그 지역의 전 회원 작품이 수록된다. 여태 그랬듯 한 번도 빠짐없이 발간되어야 하는 것이다. 지역문협 기관지의 작품 소재는 대체로 자신이 살고 있는 곳에서 찾는다. 예사로 보아오던 주변에, 새로운 매력을 부여하여 급기야 명승지로 만들기까지 한다. 그것이 문학의 힘이다.

　작년에, 경남문인협회의 연례행사인 '찾아가는 경남문협 대축제'를 거제에서 실시한 바 있다. 거제와 관련된 내용의 작품집도 발간하였다. 그 작품집을 읽은 서울의 어느 문학인이 거제에 흠뻑 빠졌다. 코로나가 약간 수긋해지면 모임에서 버스 대절하여 단체 관광을 오겠다고 하였다. 이쯤 되면 우리 경남문인협회 회원들은 경남을 알리는 홍보 대사가 아니겠는가.

 우리는 작품 한 편이라도 '잘' 쓰기 위하여 여하한 노력도 마다않는다. 다양한 장르의 서적들을 정독한다. 예리한 관찰력과 풍부한 상상력, 박학다식한 사고력을 기르기 위해 탐구한다. 깊이 있는 철학과 사상이 담긴 글을 쓰기 위해 무던 노력한다. 또한 아름다운 감성과 지성을 겸비한 독특한 개성의 문장을 만들기 위해 심혈을 기울인다. 한번 읽고 나서 머리를 끄덕이고, 다시 읽고 싶게 하기 위해 경남문협 800여 회원은 좋은 글쓰기에 전념하고 있다.

 경남의 문인들 중에는 우리나라의 대표 문인이 꽤 많다. 널리 알려진 큰 문학상 심사위원만 해도 상당하다. 큰 상을 수차례나 받은 그들이 이번 심사 대상에서 탈락되고 보니 우리는 격분하지 않을 수 없는 것이었다.

 '경남문화예술진흥원'에서는 그들이 훌륭한 작품집을 펴내게 해야 할 것이다. 따라서 경남뿐 아니라 전국의 많은 사람들에게 읽히도록 해야 한다. 이번 일에 크나큰 실수를 하여 문학인들을 실의에 빠지게 한 관계자들은 다신

이런 일이 없도록 해야 할 것이다. 앞으로는 문화예술인들이 작품 활동을 잘할 수 있도록 도와주었으면 하는 바람이다.

(2022년)

PART 5

겨울 여행

어느 겨울날, 언니와 여동생과 셋이서 강원도에 갔다.

운전 담당인 서울 사는 동생이 내가 창원에서 왔다고 그러는지 어디 가고 싶냐고 물었다. 도착한 곳이 춘천이다 보니 '소양강 댐' '김유정 문학촌' '남이섬'에 가고 싶다고 하였다. 겨우 2박 3일 여행인지라 많은 곳을 둘러볼 시간이 안 되어 좀 아쉬웠다.

일단 호텔에서 자고 일찍 나와 먼저 소양강 댐을 보러 갔다. 이른 시각이어선지 소양강이 잠에서 막 깨어나느라고 기지개를 켜고 있었다. 우리는 그 물안개가 너무도 아름다워 하얗게 내린 눈 위에서 아이처럼 펄쩍펄쩍 뛰었다.

경남에선 눈 구경하기 어려운데 강원도에는 꽤 많이 와 있었다. 손이 시렸지만 만져도 보았다. 동생이 차분한 성격 그대로 운전을 안전하게 하는 것이어서 바깥 날씨는 매우 찼지만 마음은 따뜻했다.

'김유정 문학촌'으로 향했다. 김유정의 고향 실레 마을에다 2002년도에 문을 열었다 한다. 근처에 있는 '김유정역'은 경춘선 기차역의 이름이다. 본래 명칭은 지역의 이름에서 유래한 '신남역'이었다. 김유정 문학촌과 기념관, 생가 등이 복원되면서 2004년도에 김유정역으로 개칭되었다는 것이다.

'김유정 이야기집'에는 그의 작품과 삶을 입체적인 전시물과 영상물로 보여주었다.

나는 김유정 소설가를 떠올리면 먼저 생각나는 작품은 중학교 국어 교과서에 실린 〈봄 봄〉과 〈동백꽃〉이다. 해학적이고 토속적이며 가난하고 무지한 시골 사람들의 순박한 이야기가 친근하게 느껴져서 좋았다.

〈봄 봄〉은 하층민의 생활을 풍자해낸 청춘 남녀의 로맨틱 코미디다.

어수룩하기 짝이 없는 '나'는, 일만 잘하면 점순이와 혼례를 올려준다는 말에 품삯도 받지 않고 머슴처럼 일해주고 있다. 3년 7개월이나 열심히 일했건만 그대로이다. 음흉하고 교활한 미래의 장인은 점순이의 키가 작다면서 더 크면 혼례를 시켜주겠다며 약속을 미룬다. '나'는 구장한테 찾아가 억울함을 호소했건만 구장도 장인 편이다. 친구 뭉태가 충동질하고 점순이도 은근히 성례를 부추겨 장인과 대판 몸싸움을 한다. 건데 싸움에서 '나'의 편을 들 줄 알았던 점순이는 아버지의 편을 드는 것이 아닌가. '나'는 번번이 처절하게 당하는지라 화가 나서 확– 차고 나가고 싶다. 그런데 장인이 이번 가을에는 꼭 혼례를 올려주겠다며 '나'를 다독인다. 신이 난 '나'는 다시 일하러 나간다는 답답한 내용이다.

김유정 문학촌

따지고 보면 미래의 장인은 무조건 큰소리칠 입장도 못 된다. '나'가 가 버리면 온갖 집안일이며 한 해 농사가 걱정이다. 때론 '나'에게 호통도 치고 때리기도 하지만 오랫동안 집에 데리고 있어야 하기에 달래기도 하는 것이다.

〈봄 봄〉 작품은, 힘든 상황에서도 좌절하지 않고 꿋꿋이 살아가는 서민의 끈끈한 생명력을 해학적 기법으로 잘 나타내고 있다.

이 작품을 처음 대했을 때만 해도 너무나 재미가 있어서 몇 번이나 읽었다. 미래의 장인이 점순이의 키가 작아서 혼례를 시켜줄 수 없다고 하는 장면이 나온다. 그러자 '나'가 장인한테 대든다. "빙모님은 참새만 한 것이 그럼 어떻게 앨 낳지유?" 하는 대목에서 자꾸 웃음이 나왔던 것이다. 사실이지 처녀 나이에 키가 어떻게 더 클 수가 있나.

작품을 처음 읽었을 때 작가의 나이가 꽤 되는 줄 알았으나 20대에 썼다는 걸 이번에 알았다. 작품 〈봄 봄〉과 〈동백꽃〉의 여주인공 이름이 두 군데 다 공교롭게도 '점순이'여서 신기했다.

작품 〈봄 봄〉은 완전 허구가 아니었다. 김유정이 어느 날 주막에서 술을 마시고 백두대간을 넘어올 때였다. 길에서 미래의 사위가 장인에게, 일만 시키고 성례를 안 시켜준다고 드잡이하는 모습을 보게 되었다. 그 사태를 메모해 두었다가 후에 이 작품을 썼다고 한다.

소설에서 장인으로 나오는 실존 인물인 김봉필 씨는 하도 욕을 잘하여 마을에서 욕필이라 불리고 있단다. 그는 딸만 셋을 낳았는데 점순이의 언니 때는 데릴사위 핑계로 무려 14명을 데려다 부려 먹었다는 것이다. 둘째 딸 점순이 때도 현재 '나' 외에 한 사람 더 있었는데 너무 힘이 들어 나갔다는 얘기도 있었다. 어린 셋째 딸이 자라서 데릴사위를 들일 때까지 '나'를 부려 먹을 작정인 모양이다. 안 좋은 쪽으로 대단한 머리를 가졌다는 생각이 든다.

김유정은 1908년, 부유한 집에서 태어났으나 부모님이 돌아가시자 형이 재산을 탕진하여 가난하게 살았다 한다. 어린 시절에 수시로 횟배를 앓자 아버지가 담배를 가르쳤다는 이야기도 있다. 오랜 흡연과 영양실조 등으로 폐결

핵에 걸려 무척 고생을 하였다 한다.

  사망하기 2년 전인 1935년도에 작품 〈소낙비〉가 《조선일보》에, 〈노다지〉가 《중앙일보》 신춘문예에 당선되었다. 그는 불과 2년 남짓한 기간에 30편 내외의 단편과 1편의 미완성 작품, 1편의 번역소설을 남겼다. 가히 천재 소설가가 아닌가 싶다. 단편 30편 중 12편은 고향인 실레 마을 이야기라고 한다.

  김유정이 신춘문예에 당선하였을 때다. 축하 자리에서 〈오감도〉〈날개〉 등으로 유명한 소설가이자 시인인 이상과 만나게 된다. 두 사람은 의기투합하여 급속도로 친밀한 사이가 된다. 이상과 김유정은 거의 날마다 어울렸다고 한다. 같은 병에 걸린 이상이 김유정에게 동반 자살하자고 권유하였으나 김유정은 이 제안을 거절하였단다. 그러다가 이상보다 한 달 먼저 사망했다고 한다.

  그러고 보면 1930년도에는 아까운 목숨이 많이 사라졌다. 1931년 방정환, 1932년 최서해, 1934년 김소월, 1936년 심훈, 1937년에 이상과 김유정이 유명을 달리한 것이다.

29세에 요절하였다고 '영원한 청년 작가'로 불리고 있는 김유정 소설가를 이번에 참 잘 만나고 왔다는 생각이 든다. 작가, 작품세계, 주변 이야기를 자세히 알게 되어서 좋았다.

우리나라에는 대략 130개의 문학관이 있다고 하니 시간을 내어 문학관 탐방을 가끔 해야겠다.

다음 날엔 드라마 '겨울연가'로 잘 알려진 '남이섬'에 다녀왔다. 피붙이들과 함께여서인지 여행 내내 마음이 훈훈하고 따뜻했다.

언니와 동생은 서울에서 오래 살았기에 '소양강 댐' '김유정 문학촌' '남이섬'에 이미 여러 차례 다녀왔다고 하였다. 그러고 보니 이 겨울 여행은 순전히 나를 위한 여행인 것 같아 감사하고 미안할 뿐이다.

지금도 생각하면 고마움에 가슴이 찡해온다.

(2022년)

| 작품 해설 |

절제와 내면화로 승화된 창작미학
— 강현순 수필가의 문학세계

황소부(문학박사, 경상대 명예교수)

1

　강현순 수필가는 등단 이후 열정과 집념으로 수필문학의 텃밭을 잘 일구어 많은 값진 수확물을 거두어 왔다. 깊은 인문학적 소양과 풍부한 감수성을 가진 강 수필가는 수필 쓰기와 각종 문예활동과 편집 교열, 문예대학에서의 수필 강좌 등에서 보인 능력과 창의성뿐만 아니라 솔직하고 겸손하고 진실한 생활 태도에서 높은 평가를 받고 있다. 수필 창작을 천직으로 생각하며 수필을 통해 인생의 의미를 곱씹어보면서 자신의 존재를 깨우치고 완성해가는 과정을 보면 강 수필가에겐 '수필이 곧 그의 인생'이란 말이 잘 어울릴 것 같다. 수필가로서의 목적 지향적 삶을 성실하게, 훌륭하게 살아가고 있다는 뜻이다.

2

이런 열성적이고 완숙한 작품 활동을 참고하면서 강 수필가의 작품세계를 살펴본다. 이미 4권의 수필집을 출간했고 《한국수필》, 《경남수필》 등 수필 전문지나 동인지 등에서 발표된 글들을 읽으면서 수필가로서 남다른 이미지와 색깔이 뚜렷함을 알게 된다.

문학상 수상 평이나 작품 평들을 보면 평가가 다양하면서도 비슷하다. '평범한 가운데 비범함이 돋보인다.'라든가 '건전하고 모범적인 생활인의 모습이 여실히 드러난다.'라든가 '정갈하고 기품이 있다.'라는 등의 호평이 이를 증명한다. 강 수필가의 수필은 규범을 지키는 반듯한 생활 태도, 삶에 대한 따뜻한 시각과 예술에 대한 깊은 사랑이 하나의 감동으로 전달되고 있다는 것이 평자들의 공통된 인식인 것이다.

수필이란, 작가의 체험이 작품으로 형상화되는 메커니즘인데 감수성이 풍부한 개성 있는 작가의 그런 체험이나 느낌이 굴절 없이 작품에 나타난다면 그 작가의 예술성에 의문을 가질 수도 있을 것이다. 예술이 소박한 자기표현이고 문학이 삶의 재현이라고 하지만 개인적인 감정들과 체험들이 그대로 반영되지 않는다는 사실은 강 수필가의 글을 통해 이해할 수 있다. 주변의 여러 현상들에 대해 즉각 반응하지 않고 차분히 관조하는 태도를 견지하기 때문이다.

절제된 감정, 절제된 언어와 내면화라는 작가의 심리 관점에서 강 수필가의 창작미학에 주목할 필요가 있다. 문예활동을 하는 작가 누구에게나 절제된 내면화 과정이 있기 마련이지만 강 수필가의 경우 규범에 맞게 살아가는 생활 태도, 인지기능, 지적·정서적인 면에서 강렬함이나 심도가 남다르고 특이하다.

어떤 사물을 접할 때 단순한 감각과 지각에 의해서 어떠한 사유가 즉시 형성되는 것이 아니라 마음속에 축적된 생각들의 지층에서 발효되고 여과되는 과정을 거친다. 이런 과정을 거치면서 어떤 관념이나 정념이 잉태되어 나오거나 어떤 의미나 가치에 대한 사유가 구축되는 것이다. 이렇게 생성된 사유가 참다운 것으로 인식되는 것이다.

이것은 작가의 오랜 수련이나 사고구조라 해도 좋고 특유의 성숙한 심리 습관이라 해도 좋다. 절제와 내면화가 사물에 대한 인식의 틀이 되고 있음을 강 수필가는 확신하고 있는 것 같다.

원폭자료관에는 당시의 참상을 볼 수 있었다. 새까맣게 탄 도시락 통이며 갈기갈기 찢어진 옷 등을 전시해 두었다. 찌그러진 채 걸려 있는 벽시계는 11시 2분에 숨을 거두었던 모양이다. 이 원자폭탄은 인류사 최초로 일반 시민 학살에 쓰였다는 대목에서 가슴이 아려왔다. 한국인 3만 명을 포함하여 사망자가 대략 24만 명이라고 한다. 원폭자료관은 원폭의 무서움과 경각심을 일깨워 주기에 충분했다.

―〈불길했던 예감, 적중하다〉

일본 나가사키 원폭자료관을 둘러본 소감을 담담하게 기술하고 있다. 짧은 단락 속에서 전쟁의 무서움과 참상에 대한 경각심을 환기시켜 주고 있다. 전쟁은 인류가 공통으로 느끼는 비극인데 그런 참상의 생생한 기록물을 직접 보면서 내심 평화에 대한 의식과 화해와 용서라는 인류애가 얼마나 소중한 가치인가를 세계 시민의 한 사람으로 깨닫는 것이다.

다음 단락에서 구마모토성에 가서 생전 처음으로 예상치 못한 지진을 경험하고 놀란 일, 아소산 화산 분화구 앞에서 사진을 찍다 발을 헛디뎌 추락할 뻔했던 아찔한 순간을 감정을 절제한 채 담담히 기술하고 있다. 분화구 바닥에서 이글거리는 불덩이를 보고 얼마나 놀라고 감탄하고 얼떨떨했겠는가를 상상해 보면 강 수필가의 차분하고 꾸밈없는 묘사는 확실히 절제의 미덕의 힘이라는 것을 실감케 한다. 첫 외국 관광에서 낯설고 새로운 풍경이나 사건들에서 감격하거나 감정의 여울이 울렁거리거나 흥분할 만도 한데, 그렇지 않다.

어휘가 격정적이거나 문장이 장중하지 않고 감정 노출이 없이 부드럽게 상황을 묘사하고 있는 것이 인상적이다. 외국 관광이 특별한 일인데도 소소하고 일상적인 일처럼 절제된 감정과 표현으로 일관하고 있다. 방문국의 역사 문화에 대한 지식과 인상이 내면화되어 있기 때문에 생각과 느낌이 화려하거나 삿되지 않고 곱고 아름답게 배어 나온다. 유머나 말재롱이 없는 이런 차분함이 독자에게 잘 전달되는 것은 글의 중심 생각이 분명하고 일관성 있게 전달이 될 수 있게 하는 단락을 잘 구성했기 때문이기도 하다.

  단락과 단락마다의 소주제문들은 원폭자료관 방문 소감, 구마모토성의 지진 경험, 아소산 분화구에서의 실수라는 각기 다른 에피소드들을 유기적으로 잘 연결하는 고리 역할을 하면서 테마를 견고하게 지지하고 있다. 이러한 단락의 배열은 글쓰기의 치밀한 기법의 하나이다. 훌륭한 단락 작성 때문에 작품의 흐름이 자연스럽고 문체도 화려하지 않고 장황하지도 않다. 전달하려는 내용이 보여주는 평이함과 소박함에서 정감을 느끼게 된다.

  인간은 좋은 것이든, 나쁜 것이든 어떤 예감을 가질 때가 있다. 신비한 초능력이나 어떤 징크스 같은 것을 경험하게 된다. 이렇게 묘한 기분이나 불안감을 느끼는 것은 인지상정이다. 이 작품은 불길했던 예감이 적중했다는 신비한 경험을 다정한 친구와 대화를 나누는 듯 기술하고 있다.

  단순히 자기의 체험이라고 해서 모든 것이 수필의 소재가 되는 것은 아니다. 자기의 개성적인 안목과 깊이 있는 사색이 담긴 것이라야 수필의 소재가 될 수 있다. 수필은 지적, 관조적, 자성적 성격의 문학이기에 잔잔한 깊은 사유가 있어야 한다. 이 작품에서 강 수필가는 자기의 체험이 가치 있다고 여기고 절제된 언어로 누구나 공감할 수 있는 감동을 전한다.

> 높푸른 하늘 아래의 고즈넉한 산비탈에서 가을바람에 흔들리는 애잔한 모습의 꽃 들국화. 해맑은 그 꽃향내를 맡기 위해 차창을 활짝 열었다. 꽃향기는 이내 나의 코끝을 간질이더니 나의 가슴에, 어깨에 천천히 내려앉는다.
> ―〈자전거를 탄 들국화〉

들국화를 모티브로 전개되는 이 작품은 채색된 한 편의 풍경화 같은 산문이다. 단순하고 명료하고 아름다운 소위 간, 명, 쾌 문체의 원형을 보이고 있다. 언어의 구체성과 밀도가 확립되어 있어 문체의 미적 가치를 크게 부각시켜 준다고나 할까. 현란하지 않고 복잡하지 않은 문장들이 선명한 이미지를 만들어가면서 잔잔한 감동을 자아낸다. 특히 상황묘사에 꼭 맞는 어휘 선택 능력이 돋보인다. 잘 선택된 어휘들이 적재적소에 적확하게 기능하고 있어 소위 '적어mot propre'의 모범적 예가 되겠고, 그 결과로 문장의 전체 흐름이 평이하고 자연스럽다. 이렇게 강 수필가의 글은 문체와 구성 같은 미학적 특징들이 잘 갖추어져 있는 것이다.

들국화의 매력에 눈길을 두다가 언뜻 어릴 때 친구와 자전거를 배우고 타던 기억이 되살아난다. 옛 추억을 다시 중국 북경에 갔을 때 본 자전거들이 질서정연하게 굴러가는 모습으로 연상이 확장된다. 들국화를 신고 달려가는 할아버지의 이미지와 중국 사람들의 서두르지 않는 만만디 정신과 우리나라 국민들의 조급한 성격에 대한 명상에 이른다.

통시적이고 공시적인 시간 속의 느낌이나 자극이 작가의 내면세계에서 통합되고 자기화되어 하나의 새로운 관념이나 정념으로 거듭난다. 들국화에 대한 상념이 묻어

나온다. 동시에 자신의 마음속에 무엇인가를 채워야 될 여백이 있다는 걸 새삼 느끼게 된다. "누군가로부터 하얀 들국화 한 다발을 받고 싶다." "질박한 항아리에 가지런히 꽂아놓고 바라보며 꽃향기에 취해보고 싶다." 라든가 "때마침 내가 좋아하는 음악이라도 흘러나온다면 나는 더없이 행복할 것이다."라는 상념은 자신의 진솔한 심경의 토로로 아름답기 그지없다. 들국화를 통해 관조하는 사물에 대한 인식과 마음의 평정심이 수수하고 진정한 작가의 내면세계이다.

3

강현순 수필가의 작품세계를 문학예술에 대한 실천적 활동과 의지, 수필의 구성능력(주제, 단락 구성 및 어휘 선택) 그리고 삶과 문화에 대한 폭넓은 이해와 사유 등 세 가지 관점에서 집중적으로 살펴보았다. 이는 절제와 내면화로 승화된 창작미학을 탐구하는 과정이기 때문이다.

　강 수필가의 수필집 《좋은 예감》, 《세 번째 나무》, 《꿈꾸는 섬》, 《꽃과 사람》에 수록된 수필들은 남녀노소 할 것 없이 누구나 쉽게 접근하여 읽을 수 있는 평이한 어법이나 문장으로 잘 다듬어진 내용들이다. 보다 더 큰 매력은 일상의 사소한 것 하나라도 허투루 생각지 않는 치밀한 성격, 자칫 현학적이기 쉬운 사고가 없는 담백한 서술 속에서 소박함과 겸손이 투영되어 있기 때문이다.

　절제된 감정, 절제된 언어는 끊임없는 수련과 글쓰기에 대한 확고한 신념에서 우러나오는 것이다. 강 수필가는 자기화, 주관화가 분명한 자의식이 강한 수필가이다. 이는 내면화 과정에 익숙해 있다는 뜻이다. 일반적으로 내면화는 개인적 사고 및 감정, 행동들이 여러 가지 사회적 영향을 받아 내부로 흡수되는 현상을 말하는데 신념, 태도, 가치관 등이 이런 과정과 현상에서 나오는 것이다.

　강 수필가의 폭넓고 깊은 사유가 어떻게 형성되었을까, 대충 여러 사람들이 공통으로 이해하는 내면화에 대한 설명을 원용해 본다. 다양한 인생 경험과 독서 그리고 갖가지 사물을 접하면서 얻은 지식이나 교양, 가치들이 작가의 내면세계에서 곰삭고 발효되어 어떤 의미를 갖게 되고 자아 발견이나 깨달음, 삶과 문화에 대한 성찰이나 세상에 대한 사유가 이렇게 해서 형성되어 나온다는 것이다. 내면화 과정을 통해 작가는 겉으로는 드러나지 않고 심오한 작가의 사상을 속으로 녹여낼 수 있는 것이다. 강 수필가도 이렇게 절제된 내면화 과정에서 새로운 자아를 발견하고 어떤 의미를 부여하거나 깨달음을 얻게 되는 것이다.

끝으로 강현순 수필가의 글쓰기의 철학이나 신조는 무엇일까를 생각해 본다. 문화 예술계에서 독창성을 두고 흔히 통용되는 '다르게' '낯설게' '나답게'라는 말을 차용해 본다. 강 수필가도 이 세 마디를 글쓰기의 신조로 삼고 열심히 창작에 임하고 있는 것 같다. '다르게'는 신선하고 '어떤 무엇을 보았느냐'보다 '어떻게 보았느냐'를 중시하는 사고이고, '낯설게'는 문학적 기법으로 대상을 진부하지 않게 해야 하고 '나답게'는 강한 개성이 묻어나거나 자의식이 강하게 묻어나야 한다는 것이다. 강현순 수필가는 이 세 가지를 신조로 삼고 절제와 내면화로 승화된 창작 미학으로 완성도 높은 완숙한 수필을 창작해내고 있는 것이다.

피노키오를 만나다

강현순 제5수필집

1쇄 펴낸날 2023년 5월 20일

지은이 강현순
펴낸이 오하룡

펴낸곳 도서출판 경남
주 소 창원시 마산합포구 몽고정길 2-1
연락처 (055)245-8818
이메일 gnbook@empas.com
출판등록 제1985-100001호(1985. 5. 6.)
편집팀 오태민 심경애 구도희

ISBN 979-11-6746-103-2-03810

ⓒ강현순

＊이 책은 경남문화예술진흥원의 문화예술지원을 보조받아 발간되었습니다.
＊잘못된 책은 바꿔 드립니다.
＊저자와 협의 인지 생략합니다.

〔값 15,000원〕